学校体育课程变革与发展动态

唐　炼◎著

吉林出版集团股份有限公司

图书在版编目（CIP）数据

学校体育课程变革与发展动态 / 唐炼著. — 长春：
吉林出版集团股份有限公司，2023.4

ISBN 978-7-5731-3065-5

Ⅰ．①学⋯ Ⅱ．①唐⋯ Ⅲ．①学校体育—教育改革—
研究 Ⅳ．①G807

中国国家版本馆 CIP 数据核字（2023）第 045658 号

学校体育课程变革与发展动态

XUEXIAO TIYU KECHENG BIANGE YU FAZHAN DONGTAI

著　　者	唐　炼
责任编辑	曲珊珊
封面设计	林　吉
开　　本	787mm×1092mm　　1/16
字　　数	233 千
印　　张	11
版　　次	2023 年 4 月第 1 版
印　　次	2024 年 1 月第 1 次印刷

出版发行　吉林出版集团股份有限公司

电　　话　总编办：010-63109269

　　　　　发行部：010-63109269

印　　刷　廊坊市广阳区九洲印刷厂

ISBN 978-7-5731-3065-5　　　　　　　　定价：78.00 元

前　言

　　体育教学把教学的概念与体育的理论体系相结合，形成了全新的教学内容与教学方法。在实际的体育教学过程中，体育教学和其他学科一样，具有完整、成熟的体系，需要进行组织活动和管理活动。本书从体育教学理论出发，对体育教学的概念、特点、本质、功能等进行了理论阐述，使人们对现代体育教学改革与创新有了理论依据。本书对教学改革的发展历程和趋势做了详细介绍，对体育教学的现状与创新进行了系统解释。

　　体育教学的改革要先从体育教学思想观念体系着手。中国从清末至现代的体育思想受到历史的渲染和国外先进思想的影响，一直在不断进步，最终发展到现代三大体育教学思想，分别是"健康第一""以人为本""终身体育"。现代体育教学思想方法改革中的"健康第一"，是强调根据健康需要进行锻炼，把体育锻炼与每个人的健康紧密相连，可以充分激发学生的学习锻炼热情，为从"要我学"转变到"我要学"奠定了良好的基础。贯彻"以人为本"的教育理念对学校体育教育的发展和青少年的身心健康成长都具有重要的意义。"终身体育"思想的形成是人类自身和社会发展的必然要求。"终身体育"思想在体育教育中所占的比重越来越突出，已经逐步发展成为当今十分先进的体育教学思想。

　　本书的撰写耗费了不少精力，由于时间仓促，水平有限，不足之处，恳请广大读者、专家批评指正！

唐　炼

2022.11

目　录

第一章　高校体育课程概论

第一节　高校体育教学概述

一、高校体育教学的性质

高校体育教学活动是一种需要教师与学生同时参与的双边活动。我们需要进行提炼与思考的内容是，保证师生双边活动顺利开展的媒介是什么？

对此，大部分人的观点认为身体练习活动就是师生双边活动的重要桥梁，然而，笔者的观点有所不同，笔者认为如果仅仅将身体练习认定为师生双边活动的媒介，那么是不够准确的，其原因有以下几个方面：

（1）对于动物而言，它们也存在身体的各种练习活动。例如，即便是动物经过了驯养，具有了相对高超的运动技术，但是，动物的运动行为和人的运动练习行为是非常不同的。动物只是拥有单纯的运动行为，而人的运动学习行为会包含两种内容，即身体的练习活动与大量的思维活动。

（2）如果将体育教师与学生的双边活动理解为单纯的身体练习活动，那么就很容易形成体育学科地位较低的思想观念。

（3）在其他学科教学活动开展的过程中，教学的中介主要是知识和技能，但是对于体育学科而言，其身体练习活动并不是知识，也不是技能。这一词汇代表的是一个过程，所以我们就需要对其他学科的一个比较相似的词汇进行借用。笔者的观点是，相比身体练习而言，运动技术更加合适。关于运动技术的解读，具体如下。

关于运动技能，由于其是知识与技术的中间形态，因此，我们要从操作技能的概念，以及其形成的层面上出发来解析运动技能。

所谓的操作技能，主要是指一种合乎法则的，通过学习活动而形成的活动方式。一般来讲，操作技能包含多个特征，而这些特征也是同其他事物本质相比存在差异的地方，我们常常称之为"概念的种差"，具体的解释有以下四点：

（1）合乎法则。此种差同一些日常生活中的随意运动是存在一定不同的。

（2）通过学习获得。此种差同其他的人体本能行为是有区别的。

（3）活动的方式。该种差同知识是存在差异性的。究其原因，主要因为知识是活动的。

（4）明确了方向。对于活动而言，技能则存在控制执行的作用。

操作技能的重要分支之一就是运动技能。对于运动技能而言，其形成主要包括以下三个阶段，即认知动作阶段、联系动作阶段、完善动作阶段。这里面认知动作阶段同知识和技能之间存在十分密切的联系，其最终目的在于对活动操作的要素、关系与结构等进行认识。运动技术可以认为是一种"知识"，这是由于知识是事物联系与属性的组织。即便是在没有人掌握它的时候，运动技术也是客观存在的。这也是人类文化知识的重要组成部分之一，是前人积累下来的宝贵运动文化遗产。

然而，如果将运动技术解读为知识，那么就会导致它同本来学科的知识与技能互相重复，导致两个知识与技能的情况出现，很明显逻辑不通。所以，在表述的过程中，应该对另一个词汇进行使用，笔者认为，阐述时采用运动本体与动作的概念是很恰当的，也就是说，从动作概念的角度对动作技术进行了解，就能够解析为"运动操作知识"，例如，田径、体操、游泳等运动技术，如果能够学会、掌握这些运动技术，那么就能够促进运动技能的形成。从上述的分析中我们可以得知，在本质上，高校体育教学就是运动技术教学，再具体一点就是运动操作知识，当学会了运动操作知识，运动技能就得以形成。如果高校体育教学的户外环境因素能够有效地被利用，那么就会排除像羽毛球运动一样的大量体育运动项目的可能性。所以，在高校体育教学的本质特征中，以户外环境为主等内容并不包含其中。

二、高校体育教学的特点

同上述高校体育教学的性质相联系，高校体育教学和其他学科教学活动间存在的不同之处，主要包括以下几个方面：

（一）运动知识传承的可操作性

体育运动知识指的是身体知识，这一点也是体育运动同其他学科相比最为明显的差异之处。值得注意的是，这种身体知识是人类知识发展过程中特殊的一种，同时也是人们对自然外部知识的追求逐渐向人体内部知识进行转移的结果，更是一种面向人类本体、人类本身与人类自我的挑战。

现阶段，教育界对于学生的主体性地位给予了肯定与重视，而这种对人类自我知识的再度追求，不仅展示高校体育教学的特殊性，而且还使得高校体育教学具有了传承知识的重要意义。从这个角度上讲，高校体育教学并不是传统意义上的"下里巴人"，而是对身体知识进行传承，而身体知识是一种能够实现人类自身感觉真正回归的知识，并且是科学知识的一种，只是这种知识的重要性没有种发现与挖掘而已。可以想象的是，这类知识在未来肯定会受到人类的广泛认可、关注，并能够在人类身心健康的相关研究中被广泛应用。

（二）教师与学生身体活动的频繁性

在高校体育教学开展的过程中，教师对于运动项目的动作需要不断进行示范、指导与反馈，这主要是因为身体知识来源于身体的不断实践与操作。同时，对于学生而言，如果想要学习、掌握运动技能，就需要反复地进行身体的操作和演练。因此，在体育课堂教学开展过程中，教师和学生身体活动会比较频繁，这一点也是体育课程教学同其他学科教学的不同之处，其他学科的课程教学只需要在室内开展就可以，需要保持相对安静，只有这样才能够使学生的思维得到激发，同时促进良好学习效果的实现。而高校体育教学的情况则是不同的，在高校体育教学实践活动开展的过程中，不仅学生有强烈的身体活动，还有情绪体验。上述都是体育课程教学的外部表现行为，只有自然与纯真，不存在文化渲染。

（三）学生身心合一的统一性

体育从本质上讲，是改造人自身的过程，在强调生理机能和形态结构统一的同时，还强调身心的和谐发展。在高校体育教学活动开展的过程中，不仅要追求体育文化的传承，还要使学生的身体状况得到改善。同时，还要使学生心理素质与社会适应能力得到强化。高校体育教学开展的过程中，营造了许多生动的情境，这一点也是其同智育教学间的差异，它为学生心理素质的发展与社会适应能力的提高创造了良好条件。所以，高校体育教学过程讲究身心发展的统一性。身体发展是基础，而身体的发展支持了心理发展，同时，心理的发展还能够对身体的发展起到促进作用。高校体育教学开展过程中身心合一的统一性，主要会在以下三个方面体现出来：

（1）高校体育教学内容要注重对学生各种能力和素质的培养，注重心理与社会的适应性培养，符合社会学和心理学等方面的要求。

（2）体育教师的教学方法和教学组织必须同学生的身心发展规律相符，在反复的动作与休闲交替过程中，使学生的健身目的得以实现。练习活动与休息在一定的时间内合理地交替进行，因此，学生的生理机能变化会以一条波浪式曲线呈现出来。

（3）体育课程教学同学生的年龄特征与心理特征也是相符的。学生的心理活动所呈现出来的曲线图是高低起伏的，而这种生理、心理负荷的波浪式曲线变化规律，使高校体育教学的鲜明节奏性与身心统一性、和谐性得到展现。因此，体育教师在安排各种教法等的过程中，应该充分考虑学生的心理特征，只有这样才能够促进学生的身体发展，使学生的兴趣爱好与积极性得到有效激发，进而促进高校体育教学功能的有效发挥。

（四）体育教学过程的直观形象性

在体育课程教学开展的各个过程中，都对鲜明的直观形象性进行了体现。例如，对于体育教师而言，其讲解不仅同其他学科教师的讲解基本要求相一致，而且还要使用有趣贴切、形象生动的语言，艺术性地加工所要传授的东西，将语言简单化，加深学生对教学内容的感知。同时，体育教师需要应用特殊的演示形式，通过动作示范、优秀学生的示范、学生正误对比示范、人体模型、动作图示、教学模具等进行直观、形象的展示，从感官上使学生感知动作，建立清晰、正确的运动表象。通过直观的动作演示，学生能够将得到的表象同思维紧密联系在一起。

高校体育教学管理与组织的过程也使体育的直观形象性得到体现，学生的行为都是直接的、外显的、可观察的。所以，体育教师的一言一行能够发挥榜样的功能，无形中地使学生的身心得到教育，进而直接、真实地呈现在课堂上。尤其在学习活动与运动开展的过程中，学生会将其最为真实的一面通过一言一行表现出来，此时是体育教师观察、帮助和反馈的最佳时机。

（五）体育内容的美

体育的美，最直观的表现是在运动开展过程中教师与学生的人体美与运动美。通过运动塑身，教师和学生身体各部分线条的美与身体比例对称的美得以形成，并且人体运动的美也在这一运动过程中得以实现，上述的这些都是外显的内容。另外，在运动开展过程中人体的精神美也得以实现，例如，在运动开展的过程中，需要对生理障碍和心理障碍进行克服，使高校体育教学目标得以顺利完成，使得礼貌、谦让和谦虚等风范得到体现。

高校体育教学活动不仅展现了人体美和精神美，还使得高校体育教学内容的审美性得到体现。每个运动项目都对审美特征和美学符号进行了不同的表述，例如，对于球类运动项目而言，不仅使个人的运动优势得到展示，对于群体互助、协调和合作等人际素养也要兼顾到；对于田径运动而言，不仅使学生个人的运动天赋得到表现，同时，也展示了永不言败、永远没有第一的豪气；对于乒乓球运动项目而言，使东方人的技艺与灵巧得到展示等等，而这些内容都是前人累积的经验总结，经过教师的加工传授给学生，以此让学生去感知，获得身心健康的全面发展。此外，高校体育教学活动作为一种社会活动，具有一定的创造性，教师与学生共同营造的教学情境在精神上能够给人以启迪，令人回味。

（六）客观外界条件的制约性

同其他学科教学相比，高校体育教学的另外一个不同之处就是高校体育教学效果很容易受到外界各方面的影响和实际客观情况的约束，例如，学生的性别、年龄、生理特点、心理特点、体质强弱与运动基础，体育场地、起草设施、客观气候条件，等等。上述的这些因素都会对高校体育教学质量存在不同程度的影响。

从高校体育教学对象的层面而言，高校体育教学应该使教育的全面性得以实现，在运动基础方面区别对待不同水平程度的学生，同时，还要针对学生的性别、年龄、生理特点、心理特点与体质强弱等方面的实际情况实现区别对待。例如，在机能水平、身体形态、运动功能与运动素质等方面，男女学生会存在明显的不同，因此，在教学选择、教学设计和教学组织等方面就应该考虑性别差异。如果没有对这些特点给予足够的重视，盲目教学，不仅会很难实现体质增强的教学效果，而且还有可能会增加学生安全方面的风险。

从高校体育教学环境的层面而言，鉴于室外存在较多的影响因素，例如，空中的意外声响、马路上的汽车声等等，所以，体育课堂教学一般会在室内开展。此外，学生的视野广阔，会使学生的注意力非常容易分散，当然，也有一些不可控因素的存在，例如，天气因素等，都会干扰高校体育教学过程。同时，体育课程教学在体育场地、器材设施和客观气候条件等方面存在较高的要求。所以，体育教师在制订学年高校体育教学计划、课时具体计划、选择教材内容、实施教学组织方法的时候都应该对上述的这些影响因素与客观因素进行考虑，尽量减少各种因素的影响，促进高校体育教学效果与质量的提高，此外，体育教师还应该对酷暑、严寒等自然条件进行利用，使学生适应环境的能力得到培养。

第二节　体育教学的本质与功能

一、体育教育的本质

从根本上讲，体育教育的本质是由体育的性质决定的，体育的本质属性是"增强体质、增进健康"，而身心健康是人全面发展的重要内容，体育在促进人的全面发展中起到非常重要的作用。另外，我们对组成体育教育的教育部分做一个详细的认识，广义的教育泛指一切有目的地影响人身心发展的社会实践活动。狭义的教育是指专门组织的教育，即学校教育，它不仅包括全日制的学校教育，也包括非全日制的学校教育、函授教育、成人教育等。它是根据一定社会的现实和未来的需要，遵循年轻一代身心发展的规律，有目的、有计划、有组织、系统地引导受教育者获得知识和技能，陶冶思想品德，发展智力和体力的一种活动，以便把受教育者培养成为适应一定社会（或一定阶级）的需要并促进社会发展的人。下面主要探讨一下体育教育的本质。

（一）体育教育促进人全面发展的特性

根据马克思主义教育观的原理，体育是全面发展教育的重要组成部分。体育教育是促进人全面发展的教育中的一部分。体育教育是以学生身体活动（运动）为根本特征，区别于学校中的德育过程和智育过程，它主要是以身体教育或通过身体教育的角度来实现马克思历史观念中的人的全面发展。

（二）体育教育的社会制约性和服务性

从体育教育的产生与发展过程来看，体育教育受一定的社会政治、经济的影响和制约，并为一定社会的政治经济服务。现代体育教育更是引起世界各国的重视。近年来，很多国家都修改和补充了体育教学大纲，加强与改革体育教育，提高体育教育的地位，加强体育师资队伍的建设，投入了一定的物力和财力，促进体育教育事业的发展。我国也非常重视体育教育，特别是几十年来，国家出台了一系列的政策文件来加强青少年的体育教育工作。1999 年，中共中央、国务院发布了《关于深化教育改革、全面推进素质教育的决定》，明确指出了实施素质教育不仅要抓好智育，还要加强体育，促进学生的全面发展和健康成长。切实加强学校体育工作，使学生养成体育锻炼的习惯。2007 年，中共中央、国务院发布了《关于加强青少年体育增强青少年体质的意见》。

2011 年，教育部发布了新版的《体育与健康课程标准》。教育部、发展改革委、财政部、体育总局于 2012 年联合出台了《关于进一步加强学校体育工作的若干意见》。

2016 年，国务院办公厅发布了《关于强化学校体育促进学生身心健康全面发展的意见》，文件指出要不断改革创新体制机制，全面提升体育教育质量，健全学生人格品质，切实发挥好体育在培育和践行社会主义核心价值观、推进素质教育中的综合作用。

从以上我国几十年来不断出台的加强学校体育的政策文件来看，体育教育已经深受我国政府和社会的关注和支持，体育教育事业在我国迎来了发展的良机。综上所述，社会经济的发展会在一定程度上制约体育教育的发展，但是良好的社会经济发展会为体育教育的发展提供良好的土壤，促进其健康发展。而体育教育事业的不断推进也会为社会培养一批德、智、体、美、劳全面发展的人才，从而为社会的经济发展提供最好的服务，因此两者是相辅相成、不可或缺的。

（三）体育教育研究的多维体育观和方法论

随着现代社会的快速发展，人与人之间的竞争越来越激烈。因此，在学校教育中，必须提高体育教育的质量。通过体育教育的方式培养身体强健，意志力顽强，能适应现代社会竞争的，具有综合素质的现代人才。这要求我们必须从多方面，并且用多种方法去研究体育教育，从而提供一定的理论支撑。体育教育的本质应该从生物学、社会学、心理学、人体科学等多维的角度去探究，其本质的理论应该是全面的、系统的、多维的、立体的。现代体育教育的发展已经充分显示出它的多种功能。随着社会的进步和发展，还需要不断更新观念，不断提高研究的方法和技能，并从多角度去分析和研究体育教育，这样才能使体育教育不断适应社会发展的需求，并促进体育教育的改革与发展。

二、体育教育的功能

（一）体育教育的本质功能

根据体育教育的本质特征，体育教育的本质功能包括健身功能、健心功能、教育功能。

1. 体育教育的健身功能

（1）提高人体心血管系统的机能。①参加体育运动可以增加心肌细胞内的蛋白质合成，心肌纤维变粗，从而使心肌收缩力量增强，进而增加心脏的脉搏输出量，使心脏的供血能力增强。②参加体育运动可以提高血管壁的弹性，从而预防或缓解因血管壁退化引起的疾病，如退行性高血压等。③参加体育运动可以加大人体毛细血管的开放程度，从而加快血液与组织液的交换，提高机体新陈代谢的循环。④参加体育运动可以显著降低血液中的血脂含量（胆固醇、蛋白质、三酰甘油等），从而有效地预防冠心病、高血压和动脉粥样硬化等疾病。⑤经常参加体育运动可以使人在安静时的脉搏和血压降低。

（2）增强人体呼吸系统的机能。①经常参加体育运动，特别是做一些有氧耐力运动，如长跑、游泳等运动项目，可以使呼吸肌的力量增加，促进肺组织的生长发育和肺的扩张，从而增加肺活量。此外，经常性地进行深呼吸运动也可以提高人的肺活量。②在参加体育运动后，由于增大了呼吸肌的力量，从而增加呼吸深度，提高了肺的通气效率，从而提高氧从肺进入血液的能力。

（3）促进人体骨骼和肌肉的生长发育。人从出生到成人，是一个不断生长和发育的过程，而人的生长和发育主要体现在骨骼和肌肉的生长和发育方面。参加体育活动可以促进人骨骼和肌肉的生长发育。人身高的不断增长主要是因为人长骨的骺软骨的不断增生，直到其骨化的完成，身高将不会增长。在青少年时期，通过让青少年接受一定的体育教育，参加一些体育运动，特别是一些跳跃类、牵拉类的运动可以刺激骨骼中骺软骨的增生和分裂，从而促进青少年身高的增长。此外，参加体育运动还可以使人的骨骼变粗、骨密度增厚，并且可以增加骨骼的抗压和抗弯折能力。相关医学研究表明，经常参加体育运动，可以增加人体内氧化酶的浓度和线粒体的数量，从而提高人体肌肉的有氧代谢水平，提高肌肉的能量利用能力，从而可以更好地为机体供能。总之，青少年通过参加体育运动，可以促进骨骼和肌肉的生长发育，从而健康地成长；成年人通过参加体育运动，可以保持骨骼的硬度和韧度，保持肌肉的力量和柔韧性，从而健康地生活。

2. 体育教育的健心功能

这里所说的健心功能主要指的是，参与体育运动可以调节人的心理状态，使人保持心理健康。现代社会极大地丰富了人们的物质生活，但是精神生活不能很好地得到满足，快节奏的生活、高压力的竞争使人们在精神和心理上出现了一定的问题，出现了如抑郁、焦虑、感情淡漠等心理症状。而在青少年群体中，如恋爱受挫、考试升学的压力、就业的压力等都给他们带来了不同的心理问题，而心理健康对人的整体健康具有重要的意义。

参加体育运动能够调节人的心理状态，促进人的心理健康。主要体现在以下几个方面：参加体育运动可以刺激人体产生一定的内啡肽，而内啡肽具有调节体温、心血管和呼吸的功能，也可以调节人的不良情绪，振奋精神，缓解抑郁，使人的身心能够保持轻松愉悦的状态。此外，参加体育活动可以增加人与人之间的情感交流，特别是一些集体的运动，可以培养人的团结协作精神，化解人的孤独感和抑郁感。参加体育活动还可以让人获得自信，如在比赛场上的制胜一击、球场上关键角色的扮演等，都可以让人重新认识自己。在现实生活中的失败或许可以在赛场上获得认可，从而增加自己对生活的信心。总之，参与体育运动是一项非常好的调节人心理的活动，可以促进人的心理健康。

3. 体育教育的教育功能

作为一种教育活动，体育教育对人的教育功能是其本质功能之一，主要体现在以下四个方面：

（1）教会人基本的生活能力。人生下来以后，是缺乏生存需要的基本能力的，如走、跑、跳等，这些都需要后天加以学习和训练，而体育教育是最好的途径。体育教师从小就教我们站立、走路、跑步的正确姿势，为我们日后生活打下了坚实的基础，这是人最初始的需求，从这个角度来讲，体育教育不可或缺。

（2）传递体育知识和文化。体育是人类生产生活中不断形成的文化活动，是一项宝贵的文化遗产，因此必须通过一定的活动来传递这种文化。体育教育就是承担这个职责的最好助手。通过体育教育，人们可以学习体育知识，掌握锻炼身体的办法，并且可以让人认识到体育对人的健康的价值，促进人们形成一定的体育意识，养成体育运动的习惯，从而形成健康的生活方式。通过引导青少年参加体育比赛，观看体育比赛，使其对体育规则和文化有进一步的认识和了解，从而起到传递体育文化的作用。

（3）促进人的社会化。每一个人都不仅是一个自然人，更是一个社会人，具有很强的社会性。人在经历家庭教育、学校教育、社会教育的共同作用后，人的社会属性逐渐成为第一性，逐渐完成个人的社会化。每个人只有完成社会化，才能不断地适应社会的需要，如果一个人不能充分、完善地完成社会化，那么他就可能会对社会产生一定的危害。因此，必须努力促进人的社会化。很多学者都提出了通过体育教育、体育运动来促进人的社会化。这是因为，人在参加体育运动或者体育比赛时，都需要遵守项目的规则和要求。而遵守规则放到社会领域便是遵守法律法规、遵守纪律等。体育比赛中强调的公平公正，如果延伸到生活中，就是追求社会的平等和公正。在参与体育比赛的过程中，需要跟不同的人交往，如队友、裁判、观众等，这些都可以帮助人适应社会中的角色，通过参与和体验，不断修正自己的行为。体育教育是一项非常好的促进人社会化的活动。

（4）进行爱国主义教育。在体育教育的活动中，体育比赛等活动可以激发人们的爱国热情，是一种非常好的爱国主义教育手段。我们时常能在奥运会、世界杯等世界性大赛的舞台上看到运动员在取得胜利后披着国旗绕场一周的画面，这些都能很好地给观看比赛的青少年传递极大的爱国热情，进行良好的爱国主义教育。国际比赛前的奏国歌仪式总能激发人们爱国的热情，让人们接受爱国主义的洗礼。因此，各种形式的体育活动和比赛是最好的爱国主义教育。

（二）体育教育的延伸功能

体育教育除了本质功能以外，还有一些延伸功能，其延伸功能主要包括娱乐功能和经济功能。

1. 娱乐功能

在进行体育教育的过程中，可以感受到体育活动与娱乐的天然联系。体育运动中本身就包含着娱乐的元素。体育教育过程中为学生安排的体育游戏就含有娱乐的成分。现代的体育教育已经不单单是传统意义上的体育课了。人们在闲暇时间参加一定的体育教育活动，如参加体育培训班接受健身指导等，都可以缓解人的紧张情绪，让人产生快乐的情绪，从而起到娱乐的功能。

2. 经济功能

体育教育的经济功能主要体现在以下几个方面：一是通过让人学会体育技能，参加体育运动，促进人的身心健康，从而可以为国家和社会健康工作，就像那句口号"每天锻炼 1 小时，健康工作 50 年"。一个人只有拥有健康的体魄，才能为社会创造价值，创造经济效益和社会效益。这是体育教育经济功能的间接体现。二是现代社会已经拥有了很多的体育教育培训机构，通过培养青少年的体育技能来产生经济效益，这是体育教育的经济功能之一。三是通过体育教育可以培养一批竞技运动员，而优秀的竞技运动员可以成为知名体育运动员。知名体育运动员具有很强的吸金能力，也是体育教育产生的经济效果。

第三节　体育教学的现状与创新

一、体育教学现状

近年来，学校体育教育已经成为体育教育领域中重点关注的问题，许多专家学者都将研究的目光锁定到这个领域，而高校体育教育更是成为其中的关键。一时间，许多关于改革高校体育教育的理念和方案被提出来。然而在经过更加深入的论证和实践后发现，其中许多方案的实施存在问题，不能像预期那样给体育教育带来效益上的明显改变。为此，要想提出最恰当和符合我国教育情况的方案就应该先从最基本的高校体育教育现状开始分析。通过对大量相关文献的研究，目前国内外的教育形式可归纳为以下几种类型：

（1）传统守旧的体育教育。

（2）基于学生体育的体育教育。

（3）基于竞技体育的体育教育。

（4）快乐体育教育。

（5）基于个性特征的体育教育。

（6）基于传统项目的体育教育。

（7）基于发展能力的体育教育。

（8）注重体能的体育教育。

（9）基于终身教育的俱乐部体育教学。

就目前来看，我国绝大多数的高校体育教学的形式仍旧是更多采用传统的体育教学模式。这种模式把走、跑、跳、投等基础运动作为主要教学内容，为了确保教学模式的统一性，追求教学程序循环渐进的结果，会侧重于某一层面，而不能照顾到学生更加全面的需求。这就是体育教育改革的着手点，但是目前的改革也并不理想，一种改革只是盛行一时，没有推动改革浪潮的兴起。

目前，随着中国高校体育教育的重要性日益增加，教学目标和教学需求也随之增加。在对教育进行改革的同时，要把素质教育作为教育改革和发展的主题，并与科学技术、经济、文化、社会相结合。因此，高校体育不再是提高学生体质的一种简单方法，而是一种全面的素质教育方式，使大学体育充分发挥个人才智，促进个体发展。基于这样的环境背景，高校体育教育应该具备的功能如下：

（1）增设"野外生存体验""攀岩登山"等新课程。在课程开展的过程中，适时地增加难度和阻碍，使学生在扫除阻碍的过程中，发散思维，借助团体的力量，共同面对困难并想办法解决，提升他们的适应能力，培养吃苦耐劳的精神，强化团队意识。

（2）课程的设置要以学生的兴趣、喜好为基础，添加一些时代元素，要吸引他们参与其中，在体验的过程中感受快乐，要让他们有成就感，培养他们自信、自强、乐观的心态。

（3）提升他们的沟通交流能力、组织能力等，促进身心的健康发展。

二、高校体育教育现状中的问题

高校体育是国民体育的基础之一，是全面发展教育不可或缺的组成部分。它对培养有理想、有道德、有文化、有纪律的社会主义建设人才，增强人民体质，建设社会主义精神文明有着直接或间接的效能，所以党和各级政府历来把它放在相当高的地位。

随着改革的不断深化，高校体育较之以往有了比较大的发展，但与此同时，必须看到在我国市场经济发展的新的历史时期，社会发展对培养人才提出了更高的要求。在学校教育的内涵和外延的不断扩大和丰富、大众体育的逐步普及和竞技体育飞速发展的社会背景下，作为高等学校教育工作的重要组成部分和培养学生全面发展的主渠道，高校体育从某种角度上看，它的现状已不能满足现如今社会发展的需要。了解高校体育的现实情况对高校体育以后的发展具有重要意义。

卢元镇教授在《中国学校体育必须走出困境》中总结了我国学校体育面临学生体质状况下降、"每天锻炼一小时"不能得到落实、中小学体育课被挤占和体育课低质量、学校体育不能为国家培养竞技运动后备人才和学生运动竞技不能纳入国家比赛体制四个方面的困境。这些情况中除了体育课被挤占在高校体育没有涉及之外，其他几个方面的困境同样是高校体育面临的现实问题。但是，现实中的高校体育不仅面对这几方面困境，还面对其他诸多影响高校体育良性运行方面的困境，如有来自教育制度方面，也有来自体育理论和实践矛盾等方面，具体来说有以下几方面：

（一）大学体育功能的弱化

学校体育是促进青少年全面发展的重要内容，对青少年的思想品德、智力发育、审美素养的形成都有不可替代的重要作用，是进行爱国主义、集体主义教育，弘扬民族精神、传承优秀民族文化的重要途径。大学体育是我国各个大学必不可少的一门基础课程。体育课的目的在于进一步增强学生的身心健康，努力提高学生的体育活动能力，使学生在校期间能精力充沛、更好地进行学习，为将来建设祖国、保卫祖国打下良好的基础，真正成为德、智、体、美、劳全面发展的人才。体育的功能可以总结为七个方面，即健身功能、娱乐功能、促进个体发展功能、社会感情功能、教育功能、政治功能、经济功能。

当前，我国高等学校体育课主要有三种主要形式：一是普通体育课。主要进行全面的身体锻炼，这类课程大多在大学一年级开设。二是专项体育课。为满足学生不同的爱好和促进学生个性发展，进一步提高某项体育运动技术、技能，使之在全面发展的基础上有所特长，有利于开展终身体育。这类课程一般在大学二年级开设。三是保健体育课。这是为体弱或患有某种慢性疾病的学生开设的，是带有医疗性质的体育课。目的是通过适当的体育活动，改善学生的健康状况，使其早日恢复健康。体育课的内容和方法皆视学生的具体情况而定。

从大学体育课程实施的情况来看，大学体育功能并没有得到完全发挥，甚至有弱化的现象。其中，从大学生体质健康状况来看，体育总局发布的《2010年全国学生体质和健康调研结果》表明，大学生身体素质继续呈缓慢下降的趋势。增强大学生体质健康是大学体育基本而又重要的功能，但是大学体育实施的效果并不理想。

到2020年，我国已经进行了6次全国范围内的学生体质健康测试，结果显示：现代疾病和青年人缺乏体育锻炼相关。我国中小学生及大学生的体质健康水平表现出明显的不协调，具体表现为形态发育水平提高，体能素质差，高身材、低素质等特点。另外，我国学生近视率一年比一年高，尤其是小学生、初中生近视率上升幅度明显；肺活量、爆发力、速度、耐力等素质水平呈持续下降趋势。

（二）体育课程实际地位低下

体育课程的实际地位低下是相对于体育课程法律地位来说的。高校体育课程的主要组织形式为体育课堂教学，高校体育的法律地位也同样奠定了高校体育课堂教学的法律地位。但法律体系下的高校体育在具体实施中出现了较大不同，高校体育课程在课程建设、资源配置、课程实施等方面和其他学科课程相比，投入明显不足，影响了体育课程教学的顺利进行，从而影响了体育教育质量。

多年来，因为受传统体育教学思想的影响，很多人错误地认为体育教学就是要学习运动技能，通过跑跑跳跳、锻炼身体来增强学生体质，从而严重忽视了体育理论知识的学习和教学。

国家在体育教学方面安排了小学—初中—高中—大学十多年的体育课课时，并制定了《学校体育工作条例》（2017年修正）等系列法规文件。中国高等学校普通体育教学大纲规定体育课是一门基础课，并列为考试和考查科目。根据学生的运动成绩、学习态度和掌握体育知识、技能的情况，评定学生体育课的成绩。许多高校在中共中央及教育部门政策的大力扶持下，组建学校的体育管理机构以及体育教师在职前和任职后的培训机构，并组织大量的专职研究者制定各种各样发展条件的标准，完善体育课程教学制度。但很多学生在毕业时就和体育告别，十多年的体育教学并没有使终身体育概念深入人心，也没有培养出体育锻炼的技能和良好习惯。

（三）高校体育教材和教学内容陈旧

我国高校体育教材大多针对传授体育竞技技能编写，教学内容千篇一律、很久不变，没有体现出当今社会发展对体育教学培养真正需求的内容，和时代不相符，实用性比较差。体育课的内容、教学配置形式和考核方式的设计，以及课外体育活动内容安排和实施办法，当前有相当一部分院校基本上还是在使用五六十年代的运作模式，在培养目标上力求统一性，教学内容安排上强调系统性，考核标准注重竞技性，教学形式体现着规范性，学生练习要求纪律性，所以这样的模式显得呆板、机械，以至于使高校体育的主体——学生的体育意识和能力在客观上造成障碍，使教师的主导作用和潜力难以发挥。

体育教材的编排多数以运动项目的单项教学和训练为主，背离了现代体育教学的培养目标，在一定程度上忽视了多数学生的参与需求。很久以来，我国高校体育一直沿用竞技运动教材体系，采用培养运动员的教学训练模式来给大学生上体育课，因为过分注重技术动作的规范，对完成动作的质量标准较高，被大部分同学视为"负担"，从而使他们对体育运动失去兴趣，这和高校体育教学的目标相"脱离"。无论是运动训练还是体育教学，如果采用同一种运动技能教学模式，实施一个教学质量标准，就会忽视不同教学对象对体育运动需要的个性。普通学校体育教学中不分情况照搬竞技运动教学模式，一定会导致偏离教学基本目标，进而使高校体育陷入形而上学的沼泽。此外，体育教材的编排多数以运动项目的单项教学和训练为主，背离了现代体育教学的培养目标，在一定程度上忽略了大部分学生的参与需求。最后，教材的编写没有考虑到学生特点、个性和兴趣的培养，不利于学生依据教材知识形成一套适合自己的锻炼方法和锻炼习惯。

三、高校体育教学创新

21世纪的高等学校体育，创新是教学改革最强烈的呼唤，也是时代的最强音。学校体育不仅有培养和发展人的创新意识、创新精神、创新能力的任务，学校体育的发展也要靠改革和创新来实现。使创新方法真正落实到教学实践中，一个很重要的问题是对过去的教学模式、教学内容、教学方法进行积极的反思，提高教师对教学过程的反思意识。

（一）构成高等学校体育教学创新的基本条件

教学创新从本质上看，应是教师的一种能力，是一种在传统教学方案基础之上的提升，是在对传统教学过程不断质疑的过程中，教师对教学过程的一种逆向思维和发散思维。因此，高师学校要实现体育教学创新的目标，就必须明确创新的指导思想。创新应具备以下基本条件。

1. 提高体育教师的教学研究能力是实现教学创新的根本出路

体育教师要积极投身于教学实践与改革之中，改变自己的职业形象。改变体育教师的职业形象，这要靠体育教师自己的努力，积极增强科研意识、参与学校的教学改革，不断进行反思，设计和运用切合实际的教学方法，才能使教学处于一种创新状态。从自然观察的角度来看，任何外来研究者都会改变课堂的自然状态，如想要达到观察的目的，又不改变原有的气氛与状态，做到原汁原味，就只能依靠教师。体育教师从教学实践出发，拥有更多的研究、创新机会，充分利用实践机会，大胆改革，创造先进的教学模式和教学方法，才能获得本身的生命力和尊严。

对于教学创新来讲，意味着体育教师要确信自己有能力构建新的知识结构，积极改进自己的教学实践。因为学校体育教学改革和创新的关键在于教师，改革和创新的任务最终要落实到教师身上。改变体育教师的职业形象，就必须下大力气来提高体育教师的教学研究能力。以改革创新为契机，促进教师大量涉猎和收集教育教学的信息，提高理论素养，增强情报意识，使教师较快地接受先进的教育思想、理论和观念，进一步拓宽知识面。教学创新是教师的一种积极的教学实践活动，是教师对教学改革的一种强烈愿望，是自觉自愿的行动。

2. 提高体育教师的教学效能感是实现教学创新的动力源泉

教师的教学效能感是影响教师素质提高的一个重要因素。也就是说，一个满足于现状、教学效能感不强的教师，很难在教学中有所创新。

从现阶段高师体育教学面临的困境来看，如何满足当前学生对体育的需要，如何实现教和学的完美统一，除了受学校教学模式、目标、课程、教法和教学环境、教学条件等诸多因素的影响外，还会受到教师主观因素的影响，教师的教学效能感便是其中之一。教师的教学效能感是教师教育信念的重要组成部分，教师的教学效能感更多地表现在教师的师德和人格方面。高师学校要推动教学改革和创新的不断深入，加强教师师德的培养，将是未来教师竞争的焦点。

3. 拓宽教师继续教育的渠道、提高教师的教学能力是创新教学的基础

高校学校体育教师继续教育的必要性和必然性已经成为共识，在加强对教师继续教育的措施上，要采用灵活多样的方法，应重视对教师所学课程的正确引导，立足本职工作，把教学实践与所学课程结合起来，引导工作和学习相互促进。重视学科理论、理论素质的培养，重视教师教学艺术和技术的训练。改变教师继续教育的观念，更重要的是在选用教材方面，能够编制一套包括参考资料性的阅读教材、适合自学的通俗理论教材、适合答疑性的高层次结构导论式教材在内的继续教育的专门教材。只有这样，才能把教师的学习和工作有机地结合起来，促进教师教学能力的提高。教学创新需要教师专门的教学能力，教学能力是教师最基本的能力，是教师能力的综合表现，能力是知识内化的结果，知识是能力的基础。拓宽教师继续教育的渠道为进一步提高教师教学能力和教学质量，积极进行教学创新打下坚实的基础。

（二）反思性教学对高师体育教学创新的启示

反思性教学是近些年西方一些发达国家兴起的新的教学实践。20 世纪初反思性文化的出现强化了教学主体的反思意识，给教育工作者以极大的启示。随着心理学和伦理学以及教育理论等的进步，人们认识到把增强教师的职业道德感或责任感作为反思性教学的基础，教师对教学的"合理性"追求，成为教学主体反思自身行为的动力。反思是教师自觉的行动，教师在长期的教学实践中，借助反思不断探究和研究解决教学问题。

1. 立足教学实际，创造性地解决教学问题

创新是对传统、常识、常规与秩序的修正、超越和发展。其实，教师和学生都是创新教学实践活动的主体，要想唤醒学生的主体意识，弘扬学生的主体精神，就必须在教学实践活动中，为学生创设一个宽松、民主、和谐的教学氛围。教师针对问题设计教学方案并加以研究，通过解决问题，进一步提高教学质量。立足于教学实际，实施创新教学，培养学生的创新精神和创新能力，既要重视学生创新智力品质的培养，又要抓学生创新非智力品质的培养，在教学的各个方面都要重视学生的创新。

2. 立足"两个学会"，加速教学过程的整体优化

由于反思性教学以"两个学会"为目的。因此体育教师在教会学生掌握运动技术的过程中，要让学生树立终身锻炼的思想，学会自我锻炼的方法。教师学会教学，本身就是一种不断学习和创新的过程，学会教学是为了更好地满足学生学习的需要，是教师对教学内容的进一步理解。

3. 增强教师的职业道德感

教师的职业道德感不仅是反思性教学的重要基础，也是教师创新教学的基础。教学创新要求教师要有更高的职业道德感，才能对教学中出现的问题进行思考，进而想办法来解决。教师要关注和研究同行在同一问题上的研究成果，在教学实践中加以推广和改进，只要有利于本地区学生的实际情况，有利于学生的发展，能够提高课堂的教学效果，就是一种创新。

从一定程度上来讲，提高教师的职业道德感比提高教师的技术、技能更为重要。体育教学是一种积极、主动的师生共同活动的过程，体育教学的过程也蕴含着创新教育的过程，改变教师的教育观、教学观、质量观、学生观，必须重视教师全面素质的发展。提高教师的自我效能感和教学效能感，使教师真正从"运动技术型"向"技术理论型、学者型"转变。

第四节　高校体育教学的课程设置

一、美国高校与中国高校体育课程教学概况分析

（一）美国高校体育课程教学概况

通过查阅、整理、分析相关的文献资料可以得知，对于美国高校而言，其体育课程教学的主要管理模式是俱乐部制度，对于体育运动锻炼项目，学生能够自主地进行多样化选择，通过对学生需求、兴趣与满意程度的相关调查、了解，教师能够设立不同类型、不同内容的体育运动科目。同时，体育课也具备丰富多样的组织形式，例如，有一些高校在必修课程或者选修课开设的时候，会批准、安排学生开展远足活动、爬山旅行等，相关的一些费用需要学生自理，之后他们会获得学位中的一定学分、体育必修成绩或者选修成绩。

在体育教学活动开展的过程中，强调的是学生参与其中的一个过程。与此同时，强调的是通过体育相关锻炼活动，学生能够获得一定的情感体验，对于校内外、课内外一体化的建设问题学校要给予足够的重视。在体育教师的问题上，美国高校采取的措施通常是招聘制度为主，且实施严格的管理制度，讲究教育的实质与学生满意度，在评判教学效果与是否对教师进行聘用的决定性因素就是教师受学生的欢迎程度。

（二）中国高校体育课程教学概况

在 20 世纪 80 年代中期以前，注重的是规范、统一，对教学内容与教学计划的连续性与完整性进行强调；体育教师占据教学的主体地位。在安排、具体实施体育教学工作的时候，主要是通过人体功能的活动变化规律与运动技能的学习规律来确定。

二、高校体育课程设置体系与模式

（一）高校体育课程设置体系分析

通过对我国高校公共体育课程的相关分析可以得知，在课程设置方面，已经形成了主要模式以选项课为主导的高校体育课程设置体系。

（二）高校体育课程设置模式

在高校体育教学改革和实践开展的过程中，对于现代体育教育思想进行了全面贯彻，

而我国的各个高校都已经对体育课程模式的改革活动进行了不同程度的实施，在经历了一定阶段的发展、"聚类"和"沉淀"以后，可以将这些模式进行五种典型类别的归纳、总结。

1.体育选项课模式和"校定特色体育必选（通）课"模式相结合

我国的部分高校已经对与一年级、二年级的体育选项课的主体教学模式进行了建立，其中比较有代表性的就是清华大学，同时，还对校定特色体育必通课进行了设立，并规定对于校定特色体育必通课课程设置模式的基本考核标准，要求高校的每一位学生都要通过。例如，在清华大学中，每一个男生都必须能够学习、掌握200米游泳技巧；每一个女生都必须能够对一套健美操进行创编；在我国的浙江工业大学中，要求每一个人都能够达到"十二分钟跑"测试标准。同时，还要对体育课程"课内外一体化"的构建与发展问题给予足够的重视，同时对于"两条腿走路"的工作路径要进行全面实施。应用体育选项课和"校定特色体育必通课"相结合的模式，首先需要充足的体育师资力量配备，同时还要有学校政策的支持与财力支持，保证较好的教师工作待遇等等，只有这样才能提高学生的体育基本素质，增强学生的体育锻炼意识。

2."完全教学俱乐部"模式

关于"完全教学俱乐部"模式在我国部分高校的应用，比较具有代表性的是我国的深圳大学。这一模式的主要思想是按照学生的体育学习兴趣与爱好，对于体育教学俱乐部模式全面实施，学生能够对体育运动项目、体育运动实践、体育教师完全自由地进行选择，同时，还把体育课程教学的俱乐部逐渐向外发展，延伸到课外体育俱乐部的形式，通常来讲，在"完全教学俱乐部"模式中，主要对指导制的形式进行了应用。在应用"完全教学俱乐部"模式的时候，通常要求条件优良的体育教学场馆设备条件，同时，对于吸引力也有一定的要求，此种教学模式属于教育制度中的完全学分制。此外，还要求学生具备较好的体育基本素质与较高的体育锻炼积极性和体育自我锻炼的意识，且具备良好的体育学习习惯与体育能力，充分保证体育课程教学的时间，在完善、专业的师资结构下，使学生的体育学习需要得到充分满足。

3.体育教学俱乐部模式和体育选修课模式相结合

我国的部分高校对于网上自由选择体育课程、选择时间和体育教师的完全体育教学俱乐部模式进行了建立，其中代表性比较强的是我国的浙江大学。其中，它们仍旧按照班级授课的方式开展体育教学活动，并且通过学期选修课或者必修课形式的应用实施体育教学管理。从实质上来讲，体育教学俱乐部模式是存在于完全教学俱乐部模式和体育选项课模式之间的一种教学模式，在使用此教学模式的时候，对于体育师资与项目群的一定储备存在一定的要求，学生要具备较强的选择性，同时，还离不开体育教学专门选课系统的有力支持。值得进行说明的是，同完全教学俱乐部模式相比较，此种模式对体育教学硬件设施要求较低，在课程选择的可选择性问题上，学生很难不受课程设置模块、课程授课时间和师资力量的制约。

4. 体育基础课模式和体育选项课模式相结合

我国的部分高校已经对一年级基础课、二年级选项课，或者是第一学期基础课、第二、三、四学期的体育选项课教学模式进行了建立，其中比较具有代表性的是浙江中医药大学。通常来讲，体育基础课授课形式是行政班级的方式，而体育选项课则是按照实际报名情况或者网上选择的具体情况来对体育班编制的方式开展的。此模式对身体素质发展的重要性进行了较多的强调，这对于校定特色体育与一些传统体育运动项目教学与考核的顺利展开是非常有利的，同时还能够促进体育教学组织管理工作的全面实施。

5. 体育选项课模式和体育教学俱乐部模式相结合

我们这里所说的体育教学俱乐部模式，将职业实用性体育内容包含在内。我国的一些高校已经设立了上述的教学模式，特别是高职类院校基于二年级的体育选项课和二年级专业相关的"准职业岗位"特殊的体育能力需求与体育素质要求，其中代表性比较强的是浙江职业金融学院。此种模式对体育教学的实用性功能进行了强调，把就业作为导向，作为一种新型的模式，将"准职业"人员的岗位特殊体育活动能力与体育素质培养作为主要目标。

三、体育课程发展的动力机制

（一）我国体育课程发展的外部动力

所有改革的出现都是基于一定动力的推动。同时，也少不了与之相对应的改革、发展动力机制。此种结论也适用于体育教学改革。对体育教学改革的动力进行深入分析，对他们之间存在的作用机制与内在联系进行探讨，能够使我们对体育教学改革目标有正确认识，对于相应的程序、方法和措施有针对性地进行选择，同时能够保证高校体育教学改革顺利推进。

1. 体育教学改革动力机制的内涵

动力原是物理学的一个概念，之后被引申为能够对事物的运动和发展起到引发与发展作用的力量。众所周知，能够对体育教学改革起到推动力量在现实的实践活动中存在的不仅仅只有一个，由于多种推动力的合力作用促使了实际改革的产生。我们一般可以将这些能够对高校体育教学起到推动作用的力量当作一个系统，它们经常会在体育教学的改革活动中同时作用。

机制，这一词汇，是从希腊文"mechane"衍生过来的，只有一直在其他的学科与领域中广泛地应用，用来对自身运动的行为机理层次与关系进行说明。关于机制的定义，在社会科学的研究领域中是内在联系和联系方式的一种，存在于事物或者现象的各个部分之间。

所谓的动力机制，主要是指功能型机制的一种。它一般指的是事物之所以发展、运动和变化不同层次的各类推动力量，此外，还包含它们之间互相练习的方式、机制与过程。从本质上来讲，是指存在于动力和事物运动、事物发展之间的内在联系。

同其他的事物一样，动力机制的存在也是作为一个系统，同时，这个系统具有层次多、要素多和复杂等特点。动力因素不仅仅存在于事物及其普遍的联系当中，同时还存在于事务内部各构成要素间的相互依存和相互作用之中，从结构的层面上来讲，动力机制存在自己的联系方式。

由上述的认识可以得知，关于对体育教学改革动力机制的理解，也就是高校体育教学改革的动力机制，指的是体育教学改革得以发生与发展的各种不同层级的力量，还有它们之间互相关联的方式、过程与机制。

2. 体育教学改革的动力因素

马克思唯物主义学说的观点是，事物之所以出现改变，可能会由于多种因素引起，根据它的来源，可以将这些动力因素分成两种，即外部动力因素与内部动力因素。据此，我们把能够对体育教学改革起到推动或引领作用的动力进行两种类别的划分，即内部动力与外部动力。对于体育教学改革推动或引领的动力，我们将从以下两个方面展开具体分析。

（1）体育教学改革的外部动力因素

高等学校作为系统性的一个存在，还是体育教学改革中的主体。如果我们把学校作为一个分界线，那么学校内系统存在于边界内，而学校外系统存在于边界外。体育教学改革的外部动力，也就是能够对体育教学改革起到引发或推动作用的高等学校外系统的力量。

①政治动力：政治力量的"政策牵引"

政治力量能够对体育教学改革产生一定的影响与推动作用，主要方式是政治牵引，即通过制定相关政策与法律文件，实现政府对体育教学改革的影响与推动。体育教学的职能、课程设置、教学方法、师资力量、招生对象与培养目标等多个方面都产生了重要改变，可以培养大量的对国家经济发展有用的高级应用型人才。

就像是有的研究学者表述的那般：只要一提及我国高校教育领域中的教学改革，最先出现在人们脑海的肯定是一种自上而下的运动，一般它的推行都是由中央政府进行主导的，中央政府相应地制定了政策和规定，同时强调下面的相关教育管理人员与教职人员按章办事。

②经济动力：推动经济的发展与变革

对于体育教学改革而言，经济发展是其比较关键、外部的一种力量，它能够强烈推动、促进体育教学改革的具体实施。所以，为了能够同经济发展相适应，同时从奠定未来经济发展的基础出发，高等学校相应的教育教学改革就需要不断开展。如果高等学校一直保留陈旧的体育教学内容与传统的体育人才培养模式，那么就不能同经济发展变化相适应。同时，高校体育培养出的人才同社会的需求与经济的发展也很难相适应，如此一来，不仅会对社会经济的发展造成一定制约，同时还会阻碍高等学校的生存和发展。在经济结构改革的情况下，从某种程度上对高校专业结构和学科结构的相应变化也起到了一定的促进作用。

③科技动力：科技发展进步的驱动

从人类社会的发展历程上可以看出，每一次科学技术的重要变革，都不可避免地会促进人类社会进步的巨大和生产力改变的重大。尤其是对于科学技术而言，已经渗透社会生活的各个方面，作为一种动力，在一定程度上对社会的变革与经济的发展起到了强烈的推动作用。

科学技术作为一种强大的动力，能够对社会变革与经济发展起到一定的促进作用，同时，还能够促进、推动高校教育教学的改革与发展。同科学技术的革命性相比，高校教育教学是一项传统性很强的事业，表现出了较大的惰性。一旦教育教学形成了某些形态，通常会持续长达数十年，甚至是数百年。但是，科学技术却是最活跃的、革命性的。

在体育教学改革问题上，科学技术的进步和发展所发挥的推动作用，总结起来会有以下几种表现：

A. 对于一些传统体育教学观念的改变，科学技术的进步和发展能够起到一定的推动作用。例如，在现代科学技术不断发展过程中，呈现的主要趋势是高度综合与高度分化同时存在，同时主流为高度综合。此种趋势在一定程度上冲击了高校体育人才的培养工作，给其带来压力，同时，它还能够促进高校体育教育传统的思想观念，即专业教育的开展与专业专家的培养，并且使基础拓宽、通识教育和文理兼通的思想得以逐步树立。

B. 对于高校课程内容与专业设置的更新，科学技术的进步与发展能够起到一定的推动作用。高校专业设置的基本理论根据就是科学的学科门类。伴随科学技术的综合发展与分化发展，同时，在科技革命导致衍生学科日渐增多的情况下，高校体育也逐渐产生了更多的新专业。尤其能够将科学发展综合趋势反映出来的边缘学科与交叉学科，逐渐增加了高校的跨学科专业。高等学校是对知识进行传承、对知识进行发展的重要场所，在高等院校中，科学技术的存在就是充实高校体育教学内容，所以，科学技术的进步和发展必定能够促进高校体育课程内容的不断更新。

C. 对于高校教育教学手段与方法而言，科学技术的进步与发展能够起到一定的推动作用。现代科学技术的方法与手段通过科学技术的进步和发展被高等学校引入，使得传统的体育教学设备与教学方法得到改造，促进全新科学体育教学方法的形成，使得全新的体育教学技术手段得到配置。例如，调查法、实验法、观察法、实习法、比较法等现代高校体育教学方法，都是同现代科学方法相适应的。此外，伴随许多科学发明成果在高校体育课程教学中的不断引入，例如，投影仪、幻灯机和计算机等等，根本性地革新了体育教学手段。

D.对于高校体育教学组织形式的改变，科学技术的进步和发展起到了一定的推动作用。高校体育教学组织形式的改变，是基于现代科学技术的进步和发展，尤其是网络技术与计算机技术的产生与应用，同时，也将一定的可能性提供出来。在科学技术进步和发展的推动下，高校体育教学的组织形式逐渐转变成多元化的组织教学形式，例如，计算机网络教学、远距离教学、个别化教学和班级教学等等，而不再是传统的集中教学形式，即班级授课制。

④文化动力：思想观念更新的引领

通过政治、经济和科技文化之间的互相比较，可以得知文化和高等教育之间存在着非常悠久的历史传统联系。由于人们的社会心理、价值观念和思想意识是文化的最直观表现，因此，文化给体育教学带来的影响同政治、经济、科技对于高等教育的影响相比自然也会显得更加深刻和隐蔽。人们在高校体育教学实践开展的过程汇总，对于此种潜在作用也很难进行重视。这就需要在对体育教学改革的动力因素进行分析的过程中要给予足够的重视。

在体育教学改革不断深入开展的过程中，我们这里所说的文化动力通常会在观念和思想的革新能够引领体育教学改革上面体现出来。换句话说，对于体育教学改革来讲，新的思想与新的观念能够对其产生一定的引领与促进作用，因此，文化是能够推动体育教学改革的重要力量。此外，在这一问题上，对于这些思想的改革和传播实现人们想要完全地进行区别是非常困难的，之所以有这样的原因在于这些思潮从本质上来讲就是指导思想的一种革命、变革，这种成效只有经过了实践，人们才能够普遍地接受。

⑤竞争动力：校际竞争的压力

随着高校办学自主权与规模的扩大，我国高等院校间的竞争越来越激烈，在竞争的浪潮中不断有更多的大学进入，使得竞争逐渐成为客观存在的一种。同时，由于我国高校教育国际化进程的不断加快发展，导致我国高校呈现出日渐普遍化的国际竞争参与现象。对于高校而言，不管是国际范围内的竞争，还是国内范围内的竞争，都能够很好地促进体育教学改革的发展。尽管从本质上来讲，高校与高校间的竞争是全方位的一种竞争，主要包括生源竞争、荣誉竞争、就业竞争等多个方面的内容，然而，实际上我们可以将这些竞争归结为一点，即都属于教育教学质量竞争的范畴。

在国际竞争与国内竞争逐渐激烈发展的过程中，如果高校想要使自身的竞争实力得到提高，就必须对自身的竞争优势进行树立，并且要在教育教学方面投入得更多，对于体育教学或者是人才培养模式的改革更加积极展开。

（2）体育教学改革的内部动力因素

这里所说的体育教学改革内部动力因素，主要是指高等院校系统内部能够对体育教学改革起到推动与引领作用的关键性力量。一般来说，体育教学改革的内部动力因素主要包括以下四个方面的内容。

①直接动力：使高校教育教学弊端得到克服的需要

在20世纪90年代，原华中理工大学进行了数次的调查研究，并得出了结论，即在人才培养的过程中，本校存在的弊端是：轻人文重理工、轻综合素质重专业技能。因此，该校在全国高校中，对以使大学生文化综合素质得到提高为目的的教学改革进行率先开展。经过多年的不懈努力，使文化素质教育向多样形式发展，而不再是单一形式，从造势直到自觉，从局部的试点转向全面的展开，一种科学和人文相结合、高雅和通俗相结合、课内和课外相互补、教师和学生友好互动的全新局面被打开，在使本校大学生综合素质得到极大提高的同时，还带动全国教育教学整体水平的提升。

②根本动力：使高校人才培养质量得到提高的需要

对高校教育教学中存在的缺陷与弊端进行克服，仅仅是推动或者是诱发体育教学改革的内部直接动力因素，体育教学改革活动得以顺利展开的内部动力因素，从本质上来讲，就是提升自身的人才培养质量，对于高校教育教学的人才培养工作而言也不例外。

所以，对于高校教育教学工作而言，对其优劣进行社会评价、检验的基本标准就是，对其人才培养质量的优劣进行判断。而高校为了能够使自身的人才培养质量得到提高，也少不了要对体育教学思想不断地进行更新，对体育教学内容进行革新、对体育教学方法进行改进、对人才培养模式进行改革等等。通过对高等教育发展历程的考察可以得知，高等学校教育教学改革的开展最终目标是使人才培养的质量得到提升，在现代高等教育业全面发展的我国，这一点也能够得到明显体现。

③基础动力：改革主体的自我变革推动力

在对体育教学的内在动力进行探索的过程中，对于改革活动中的人必须要进行分析，即体育教学改革主体的作用。

首先，对于学校的主要管理者来讲，其承担的角色主要是指某一所高校的校长或者是相当级别的学校领导。对高等院校的发展起源与历史进行考察就能够得知，在学校改革与发展的历史过程中，校长始终都承担着领导的重任。通常而言，校长本身存在一定的权力、组织权威和个人影响力。对于学校内教育教学管理方面、机构设置问题上、人事管理、经费使用方面等存在领导权力。所以，校长在体育教学改革过程中占据着核心位置，不仅是体育教学改革的领导者、策划人，还是具体的执行者，可以说如果没有校长的积极配合与推动，高校教育教学的成功变革是不可能实现的。

其次，从教师的层面上来讲，尽管在发展变革过程中学校是作为基本单位的存在，但是，学校的发展离不开诸多个体的存在。除了之前提到的学校主要管理者以外，这些个体还有始终在教育第一线工作的广大教师。他们作为一种力量能够推动体育教学改革的进程。通过对教育教学改革实践过程的细心考察就能够发现，尤其那些针对教育真正问题深深触及的改革过程中，基本上都是从一些教师的自发活动中开始的。因此，在体育教学改革开展的过程中，应该有必要重视教师自我变革所产生的推动作用。对于体育教学改革而言，如果没有教师、教授的响应、号召，那么就只能是一句空话。

最后，对于学生来讲，他们在现实的教育教学实践中，通常被当作改革的协助者或者参与者，人们往往忽视了学生作为改革主体的力量存在。而实际上，在学校教育教学活动中，学生也是重要的参与者，同样能够在体育教学改革中起到关键的推动作用。例如，对于教育教学现状他们表现出的批评和不满，以及改进教育教学工作的建议和意见，在一定程度上都会对体育教学改革的实施造成一定的推动作用与影响。就像是日本著名的教育家关正夫所发表的观点，"一个改革的内在条件就是存在学生群体对于学校的批评，如果没有此种批评的存在，那么学校当局就不会去热衷推进"。由此可以看出，在体育教学改革活动中，学校具有重要的推动作用。

④保障动力：高校办学自主权的推动

《中华人民共和国高等教育法》中的第30条到38条，对于高等院校作为实体法人应该承担的任务与七个方面的自主权有效性进行了明确。伴随我国高校办学自主权的逐渐增强，在这样的推动和保障下，我国高校也提高了教育教学改革的积极性，可以说改革开放至今，我国高校教育教学改革的成功推进同高校自主性的有效增强是存在较密切联系的。然而，在我国高校现阶段的办学实践中，高校在体育教学改革实践过程中的主体性与积极性没有得到充分发挥。在教育教学改革开展的过程中，高校一直缺少一定的动力，这也是需要我们日后全力解决的问题。

（二）体育教学改革诸动力的内在联系、共同特征和作用机制

1.体育教学改革内外部诸动力的内在联系

（1）体育教学改革的外部动力是发挥内部动力作用的先决条件

事物的变化、发展离不开外部力量的推动作用。尽管现阶段体育教学自身具备相对的独立性特征，使其具备独有的内在逻辑与演进规律，然而，体育教学作为具体的一种

现象，始终存在于社会生活中。同时，同其他的社会现象间存在的联系也是经常性且十分密切的，此外，对于体育教学而言，外部力量也将对其造成一定的影响，我们这里所说的外部力量主要是从社会系统中的政治、经济与科技等领域中产生的。

如果不存在外部力量的刺激、诱发与推动，那么由于高校自身"惰性"的存在，想要从自身内部促进产生体育教学改革的意愿与动力明显是很困难的。所以，对于体育教学改革而言，其同外部力量中具有的推动作用之间存在十分密切的联系，同时，体育教学改革的外部动力从本质上来讲是其内部的动力使其自身作用得到充分发挥的重要基础。

（2）体育教学改革内外部动力综合作用于高校的教育教学改革

所有事物存在与发展，都离不开外部因素和内部因素的共同结果。并不是仅仅依靠外因的推动作用，或者是内因的单纯自我运动就能够实现的，从事实上来讲，主要是内部因素与外部因素之间综合在一起作用的结果。

从根本上来讲，体育教学改革是一种外部和内部的动力之间种类不同的作用因素有机结合而促进产生的最终结果，尽管上述的这些因素同力量之间具有一定的差异性特征存在，但是需要注意的是，这些因素的存在是分散的，会通过多种不同的形式向体育教学改革工作的主要动力与合力来源转化，我们上面所提到的不同形式，主要有对话、协同、选择、融合、竞争等等，对于体育教学的改革与发展来讲，它们能够共同发挥出推动作用。

2. 高校教育教学改革诸动力的共同特征

虽然从形式方面上来讲，体育教学改革的动力主要来源存在一定的差异性，但是，不可否认的是在特征方面，它们之间也存在一些共同点。在这些特征共同作用下，使它们在体育教学改革中占据重要的位置，进而在动力机制上使体育教学改革的有机构成得到促进，对于体育教学改革的进程起到共同的推动作用。这些因素表现出来的共同特征有相关性与互补性特征、层次性特征、动态性特征和整体性特征。

3. 体育教学改革诸动力同体育教学改革之间的动力机制

有一点需要说明的是，体育教学改革的自动实现，并不是仅仅拥有能够在体育教学改革中起到引发或者推动作用的动力就能够做到。体育教学改革的诸动力同体育教学改革之间的练习离不开某一种机制的支持。现阶段，在体育教学改革的实践过程中，能够发挥作用的机制一般来讲有三种，作者对这三种机制的具体分析如下：

（1）行政机制

体育教学改革的行政机制，一般来讲是指国家的行政部门能够主导着体育教学改革与发展。行政部门的作用体现在，一般会对其科层体制进行利用来最后筛选、过滤体育教学改革中的各种外部动力因素与内部动力因素。

（2）市场机制

体育教学改革的市场机制，一般来讲是指市场能够在体育教学改革中起到主导的作用。在市场机制的作用下，能够对体育教学改革的各种外部因素和内部因素造成一定的影响，这决定了它们能否作为动力而对体育教学改革发挥推动作用，并且能够承受市场的考验。

（3）志愿机制

体育教学改革的志愿机制，一般而言指的是学校自身能够在体育教学改革开展的过程中起到一定的主导作用，换句话说，就是在选择体育教学改革方向的时候，充分考虑学校自身存在的教育教学问题、教育教学的现状与教育教学的发展目标等多种因素。在志愿机制的作用下，学校自身能够综合地分析教育教学改革的内部影响因素与外部影响因素。

在对体育教学改革的动力机制问题进行探讨时，主要从体育教学改革动力机制的内因、作用机制与共同特征、动力因素和动力诸因素间的内在联系等几个方面出发，得到了以下的主要观念。

第一，任何一种改革的产生都离不开一定动力的推动作用，同时，还有与之相对应的动力机制存在。我们这里所说的体育教学改革的动力机制，主要指的是能够对体育教学改革起到推动或者引领作用的各种不同层次的力量，以及这些力量之间有机结合的机制、方式与过程。

第二，能够对体育教学改革起到引领与推动作用的动力，主要包括两种，即体育教学改革的内部动力因素和外部动力因素。体育教学改革的内部动力因素，主要存在四个方面的来源，分别是使学校教育教学弊端得到克服的需要、使学校人才培养质量得到提升的需要、高校办校自主权的推动作用、改革主体自我改革的推动力；而体育教学改革的外部动力因素，主要来源是社会大体系中的政治、经济、科技和文化等子系统中产生全新动力的需求。

第三，对于体育教学改革内部动力因素与外部动力因素之间存在的主要联系是，外部动力是发挥内部动力因素作用的主要基础，同时，外部动力之所以存在的主要作用是通过内部动力因素使体育教学改革的外部动力因素与内部动力因素之间有机结合得以实现，并且在高校教育教学改革中得到综合性的应用；体育教学改革的诸动力要素之间具有许多的共同特征，即互补性与相关性特征、层次性特征、整体性特征与动态性特征；体育教学改革和诸动力存在的三种主要作用机制是行政机制、市场机制与志愿机制。

第五节　体育教学改革的发展历程与趋势

一、学校体育教学改革的发展历程

（一）学校体育教学的改革历程

在改革开放以后，我国学校体育进入新的发展时期，表现出思想的多元化与实践的多样化。在指导思想方面，随着 20 世纪 80 年代初以增强体质为主导思想的确立，以往以传授运动技术、技能为中心的思维模式得以改观并逐渐被打破。

1990 年《学校体育工作条例》的颁布施行使增强体质、增进健康的主导思想再次得到确认，增强学生体质、增进学生健康作为学校体育的首要目标，已逐渐取得共识；随着思想的解放及认识的深入，快乐体育、终身体育、成功体育等多种学校体育思想也相继出现。由于认识不断深入，对学校体育的结构功能与体育教学的结构功能也有了新的看法，明确了体育教学与学校体育在过程、任务、内容及评价等方面的差别，促进了学校体育实践的发展。随着基础教育向素质教育的转轨，从社会、生物、心理等多维度看待学校体育的观念逐步形成，重视体育意识、习惯与能力的培养为终身体育打下基础，并将学校体育看作终身体育一个子系统，学校体育思想也逐渐形成。在体育教学方面，由于明确了体育教学与学校体育的区别与联系，逐步确立了以体育知识、技能教学为主的指导思想，并注重卫生保健知识及体育健身基本原理的教学。

在认识上逐渐注意到体育知识、运动技术、运动技能的区别，明确了增强体质与运动技术、技能及运动项目技能的关系。为处理好体育教学中运动技术、技能与增强体质的关系，1996 年国家教委根据课程论研究的进展，发布了《体育两类课程整体教学改革的方案》，将体育课程分为学科课程和活动类课程两部分，并对两类课程的目标及要求做出了规定。

体育课教学以追求运动技能提高的模式在认识上被打破。在体育教学的内容上，坚持健身性与文化性相结合的原则，在注意健身性时，也考虑内容的文化性，并注意对一些竞技运动项目做"教材化"处理；坚持民族性与世界性相结合的原则，在继承教学内容以现代项目为主的同时，重视对民族传统体育内容的引入；坚持统一性与灵活性相结合的原则，教学大纲规定的选修内容比例逐渐提高，使教学内容在统一基本任务与要求的指导下，表现出较大的灵活性。在课外体育方面，重视课间操、课外体育锻炼与课余运动训练。在内容上提倡丰富多彩，以发挥地区、学校的特色、传统，注重组织形式多样，重视校内与校外的结合，体育俱乐部的形式也开始出现。在课余训练方面，提倡为国家培养体育后备人才，重视课余训练和小学、中学、大学的"一条龙"制度建设。

（二）学校体育教学的改革趋势

总体来看，随着素质教育的深入以及对学校体育功能认识的深化，学校体育的发展将会有以下几个方面的趋势：①在指导思想上，更注重社会需求与学生需求的结合，注重个性的发展，注重科学化与社会化发展，注重体育意识、兴趣、习惯和能力的培养，注重体育与卫生保健的结合，注重体育教学与课外体育的结合，以求整体效益的获得。②在学校体育内容上，注重健身内容与竞技文化的结合，并注重竞技文化的"教材化"及多种变式的引入，健康及运动文化知识将更多地融入教学内容，地方性、民族性的体育内容也将更多地走进学校。③在组织形式上，学生体育俱乐部及学生体育团体将受到更大程度的重视，校内外体育组织形式间的联系也会得到加强。④在课余训练及竞赛方面，随着学校体育的发展及运动训练体制的改革，学生课余运动训练与竞赛将会有更大发展，并表现出多层次性特点。上述的发展变化，将对体育教师提出更高的要求，也将对旧有的体育教育专业的培养模式、课程模式进行改革。

二、体育课程改革历程与趋势

2001年，国家教育部发布了《义务教育体育（与健康）课程标准》。2003年，又相继颁布了高中《体育与健康课程标准》。2022年，教育部发布《义务教育体育与健康课程标准（2022年版）》（以下简称"新课标"）这昭示着新的体育教育思想和理念将成为我国基础教育体育课程改革和发展中的主旋律。基础教育体育课程的改革对高校体育教育专业的课程改革提出了新的思考和要求。因为高校体育教育专业是了培养基础教育体育教师的，理应主动适应基础教育体育课程改革和发展，加大、加快高校体育教育专业课程改革的步伐。"体育课程教学改革"对高校体育教育专业培养目标和课程设计有什么影响？这些影响的程度如何？以什么方式施加这些影响？都牵扯一个基本问题，即"对第八次体育课程教学改革的基本认识"的问题，只有把这一问题梳理清楚，才能对上述疑问有清晰的认识，才能明确地回答，才能有效地解决。

（一）对第八次课程改革的基本认识

基础教育体育课程在课程理念、课程内容、教学方法、教师的行为等方面都发生了重大变化，强调"健康第一"和"以学生发展为本"的指导思想，重视课程内容的时代性和地方特色，注重教学方法的多样化，关注教师的职业专业化过程，特别是强调体育课程在增进学生的健康和促进学生全面发展方面的重要功能和价值。淡化体育教育专业中的竞技化教学倾向，牢牢树立"健康第一"的指导思想；丰富课程内容，应体现时代特征和地方特色；提倡多样化的教学方式，重在培养学生的实践能力和创新能力；提高学生未来的职业专门化意识，强化体育的健身育人功能。

（二）新课改对体育教育专业的直接影响

高等教育体育教育专业是培养中小学体育教师的摇篮，由此，基础体育教育与高等体育教育专业有着血脉一体的内在联系；基础体育教育改革必然对体育教育专业发展产生较大的牵引作用，这些作用主要表现在以下几个方面：

（1）是否承认知识、运动技术对体育教育专业的影响：淡化、轻视运动技术，直接导致学科与术科比例的失调，术科学时比例过小。这是在课程设置上导致学生运动技能下降的根源。

（2）是否承认教师的地位和作用对体育教育专业的影响：否认体育教师的地位和作用，这必然降低体育教育专业学生的学习动力和兴趣，易导致学业无用论的结果。

（3）是否承认教材研究对体育教育专业的影响：否认教材研究的实质，即反对教材的完整性、系统性和规范性，易降低体育教育学科的科学性，进而引起体育学习的不完整、不深入。

（4）是否承认身体素质的提高对体育教育专业的影响：否认身体素质的提高就是否认体育锻炼的效果，就是把身体素质与健康相割裂，将扰乱体育教育专业的学生对两者的正确认识。

三、现代体育教育的发展趋势

（一）"健康第一"的体育教育思想

健康是当今时代的主题，也是我国目前提倡的生活理念。接受一定的健康教育，对每一个人的成长和全面发展至关重要。健康教育和学校健康教育的概念是1800年由美国的教育家霍列斯曼首次提出的。世界教科文组织也曾表明：每一位孩童都应当享有健康学习的权利，要注重提升他们的健康观念和具体的实践能力，提高全世界范围内民众的健康水平。所以，为了顺应时代的发展，社会的需求，在未来的教学活动中，要借助体育教学这一途径，强化对学生身体健康的教育，从而达到强身健体、提升品德素养、促进身心全面发展的教育目标。体育教育和健康教育两者是紧密相连且彼此促进的。基于此，未来的体育教育理念更要注重"健康第一"思想的贯彻，在体育教学中融入健康的元素，让学生意识到健康的重要性，掌握强身健体的方法，调动对体育的积极性。在我国的《体育与健康课程标准》中，也提出了"健康第一"的理念，强调促进学生健康成长是体育课程的最终目标。本书第二章第二节现代三大体育教学思想内容中会详细介绍"健康第一"的教学思想，在这里就不详细展开了。

（二）以素质教育为主线的体育教育

现代教育已经逐渐发展成真正的素质教育，素质教育注重个体在各方面的发展，体育教育是素质教育的一个重要手段。其本质内涵在于学生参加体育锻炼，参与体育比赛，提高自身身体素质、心理素质、社会适应能力以及人格等方面的综合素质。在实行素质教育的过程中，身心健康素质是学生发展其他素质的重要基础。让受教育者参与一定的体育教育，使他们拥有优美的身材、强健的体质，身体机能也得到强化，并有助于平和心态和定期锻炼习惯的养成。因此，体育教育应该以素质教育为主线，不断提高自己的教育品质，丰富自己的教育内容，为培养全面发展的人才做出贡献。

（三）以创新性和快乐性为特征的体育教育

现代教育越来越注重对个体创新性的培养，创新是一个民族发展的动力源泉，有没有创造性思维也是衡量一个人综合素质的重要指标。因此，在素质教育发展的今天，任何教育都离不开对创新性的培养，体育教育也不例外。

因此，体育教育工作者应该在日常的体育活动中，注重培养学生的创造意识、能力和精神，通过一些体育项目中的技战术来训练学生的创造性思维。在体育教学中，让学生自己创造性地做出一些动作，如让学生自己创编徒手操、自己布置场上的战术等，不断提高学生的创造意识和创造能力。随着体育教育的不断发展，人们不断探索体育教育的形式。其中，日本出现了快乐式的体育教育，该模式流传到我国后，深受广大师生的喜爱，并且也在一定程度上缓解了学生的厌学情绪。

快乐教育模式的含义可以从三方面进行理解：①激发了学生的参与热情，提升他们对体育运动的喜爱度。②这种教育模式可以说是通用的，适用于任何群体，对每一个学生来说，都会起到促进作用。③顾名思义，快乐体育一定会给学生带来很多乐趣，会让学生感受到体育运动的意义和价值，会让他们变得更自信。从以上的分析来看，现代体育教育越来越重视创新性在体育活动中的培养，而快乐性也日渐成为体育教育中的一个重要特征，这两个特征将会不断促进体育教育的发展和完善。

（四）以终身体育为目的的体育教育

"终身体育"的思想是 1965 年由法国成人教育家保罗·朗格朗提出的。苏联学者提出"终身体育"就是培养与发展学生从事体育活动的能力和学习的主导能力，让学生在学习时代学会"一技之长"，养成与掌握终身进行体育锻炼的习惯和方法，使之终身受益。这种思想的确立极大地丰富了体育教育的思想，促进了体育教育的发展。

终身体育的含义包括两个方面的内容：一是指人从生命开始至生命结束中学习与参加身体锻炼，使终身有明确的目的性，使体育成为人在一生中始终不可缺少的重要内容；

二是在终身体育思想的指导下，以体育的体系化、整体化为目标，为人在不同时期、不同生活领域中提供参加体育活动机会的实践过程。

终身体育倡导人们不仅在学生阶段参与体育运动，更应该在人生的每个阶段都参与运动，也许每个阶段参与的运动项目不同，但都是为了促进身心健康的全面发展。因此，体育教育过程应该以培养人终身参与体育为目标，在帮助其形成运动技能的同时，促进其形成运动健身的意识，激发其参与运动的永久兴趣，让受教育者充分认识到终身参与体育的意义和作用，这应该是体育教育的最终目的。

（五）探索"体医结合"人才培养模式

"体医结合"从表层进行理解就是体育与医疗的结合，即按照医学的理论体系将体育健身方法进行科学化归纳，使之处方化。在"体医结合"思想中体育具有健康（预防）、治疗、康复的作用。随着全民健身上升为国家战略，"体医结合"将成为推动健康中国建设，增进人民健康的重要战略依托。

胡杨在接受《中国青年报》记者采访时表示，健康、医疗相关课程体系是体育专业院校社会体育指导员培养的薄弱环节。他还表示，体育专业院校的运动康复和运动人体专业的学生缺少体育技能实践能力，且专业知识主要为运动训练和运动损伤方面的知识，缺乏健康、医疗方面的知识，致使这部分体育人才很难即时转入医疗健身行业。[a]

结合当前社会发展对体育人才的需求，体育专业院校应抓住机遇，探索"体医结合"人才培养模式，拓宽人才培养新领域，培育体育专业院校新的办学特色。在"体医结合"思想中体育具有健康（预防）、治疗、康复的作用。

体育专业院校在探索"体医结合"人才培养模式过程需要注意两方面：首先，探索"体医结合"人才培养形式及人才类型；其次，调整"体医结合"课程支撑体系。在"体医结合"形式方面，结合"体医结合"的指导思想以及大众的需求培养体育人才，主要包括传统中医学与体育的结合，竞技体育中的体能训练方法手段、身体监测、康复治疗手段在大众健身中的应用，民族传统体育与医学结合等形式。传统中医学与体育结合在成都体育学院中已经开展，并发展成为学校的特色专业；竞技体育训练方法与大众健身方式相结合，北京体育大学与首都体育学院也已经进行了实践探索，两个学校将竞技体育中的体能训练和身体功能训练方法应用到了大众健身和中小学体育课程之中，引起了强烈的反响。

在传统体育与医学结合方面，北京体育大学成立了民族民间体育和体育养生专业，将导引术和太极拳等传统体育与健身、养生相结合。在体医结合人才培养课程体系方面，体育专业院校应当增设健身和医疗方面的课程内容，同时针对运动康复专业运动技术基础薄弱的问题，增加技术实践课程的学习。

---

a 叶铁桥. 开掘真相 中国青年报"特别报道"精选 3. 北京：语文出版社，2015.

（六）社会需求导向下的多元化人才培养模式探索

国家体育人才市场呈现出体育产业、高质量大众健身指导人才严重紧缺与体育专业院校培养的体育人才就业难的两极分化状态，反映出体育专业院校人才培养目标与社会需求的矛盾问题。由此体育专业院校应遵从社会发展需求，探索多元化的人才培养模式。

根据高等教育对人才培养类型的划分，体育专业人才可以划分为应用型人才、研究型人才、复合型人才。相应的人才培养也分为三种模式：应用型人才培养模式、研究型人才培养模式和复合型人才培养模式。应用型人才培养模式强调以社会服务为培养方向，注重理论知识和实践知识的掌握。

应用型人才培养模式是当前体育专业院校本科专业人才培养的主要方式。以社会需求为导向培养应用型体育人才，需要体现出"厚基础、宽口径""理论与实践并重"的培养方针，通过多种必修课程和选修课程拓宽学生的理论基础知识面。同时应当紧跟社会发展及时增加新兴知识，以适应不同的社会需求（如运动康复专业应增加健康、医疗课程，以适应"体医结合"人才需求）。另外，要注重学生的实践技能与实际操作能力的培养，以适应工作岗位的需求（如体育教育专业、运动康复专业的运动技术能力）。

研究型人才培养模式侧重对理性、学术与知识等目标追求。研究型体育人才培养要注重创新、专业、博学的发展方向，创新是指把握专业和学术发展前沿动态，不断探索未知领域；专业指在体育某个专业领域有较深的研究和建树；博学指掌握深厚的体育学科专业知识，具有较强的学习、研究和实践能力。研究型人才培养模式主要适用于研究生层次体育人才培养。复合型人才培养模式是应用型和研究型人才培养模式的结合，兼顾社会需求和科研导向，适用于办学类型定位于研究教学型的体育专业院校。

（七）办学过程开放化：办学社会化与交流国际化

在办学主体多元化发展以及高等教育市场化、国际化发展的时代背景之下，中国高等体育教育的单一办学体制已经呈现出多种弊端。因此，高等体育专业院校应实行开放化办学，提高体育专业院校的市场化和国际化办学水平。首先，体育专业院校要面向社会，提高服务国家和区域经济发展的意识，加强与地方企事业单位的合作交流，拓宽办学资金来源；增加与地方科研机构、高等学校、兄弟院校的科研、教学合作，提高学校的科研、教学水平；加强与国家、地方体育局的合作，增加对体育事业的科技、教育、训练方面的支持。其次，在国际化办学方面，体育专业院校在前期办学成果的基础上，继续扩大对外交流合作的范围与深度，在学术研讨、科研项目合作、体育项目引进、跨国课程开设、留学生培养等方面增加合作，提高高等体育专业院校的办学质量，增加在国际高等学校的竞争力，加快"双一流"建设的步伐。

第二章　高校体育课程改革的背景分析

第一节　国家基础教育课程改革的大背景

在我国国家基础教育课程改革的重大背景下，基础教育的新一轮体育课程改革顺势而生。在第三次全国教育工作会议中提出的《中共中央关于深化教育改革全面推进素质教育的决定》和国务院批准开展的教育部《面向21世纪教育振兴行动计划》两个文件中，对现阶段所实行的基础教育课程体系的改革问题进行了明确，同时强调了基础教育课程体系在新的发展时期需要进行构建与研制。

此外，在2001年6月开展的全国基础教育会议与《国务院关于基础教育改革与发展的决定》中，更进一步地明确了基础课程新一轮改革的重要思想，并且将基础教育课程新体系的建构问题提了出来，以便于能够更快地适应时代发展要求。同时，在由我国教育部发布的《基础教育课程改革纲要（试行）》（以下简称《纲要》）中，把新课程的培养目标明确提了出来，主要的内容：对于我党的教育方针要全面地贯彻，使素质教育得到全面推进，将时代要求体现出来；要对学生的集体主义精神与爱国主义精神着重培养，对我国优秀的革命传统与民族传统进行传承与发扬；对学生的社会主义民主法制意识进行培养，使他们能够遵守国家法律与社会公德；促进学生人生观、价值观与世界观的逐步正确形成；培养学生的社会责任感，使他们能够为了服务于人民而努力；对学生加强教育，使他们的实践能力、人文素养、科学素养、环境意识与创新精神得到初步形成；使学生具备一定的基础知识、基本技术、基本技能与方法，以便于同终身学习相适应；要求学生不仅要体魄健壮，还要具备良好的心理素质，同时，还要逐渐养成健康的生活方式与健康的审美情趣，使之成为有文化、有思想、有纪律、有道德的全新一代。

为了使上述的培养目标能够得到顺利实现，在《纲要》中对于基础教育课程改革中具体的六项目标做出指示。

（1）对于课程中过度强调知识传授的倾向要进行改变，对于主动、积极的学习态度的形成要进行强调，在学生对基础知识与基本技术技能进行学习的过程中，还能够形成正确的学习习惯，掌握一定的学习方法。

（2）对于课程中对学科本位过分强调的情况进行改革，改善过多科目、整合缺乏的现象。

（3）对于课程中存在的"偏、难、旧、繁"内容要进行改变，尽可能地改善过于强调书本知识的现象，同时还要使课程内容同科技发展、现代社会发展和学生生活之间的联系得到加强。对于学生的学习兴趣与学习经验要给予一定的重视。此外，对于终身学习开展必需的基础知识与基本技能要精心进行选择。

（4）对于课程具体实施过程中存在的不良现状要进行改变，例如，对死记硬背式学习与机械训练等，应该积极倡导主动学习，勤于动手，乐于研究，培养学生搜集信息、处理信息，获取新知识、分析解决问题的能力得到培养。同时，还要有效促进学生交流能力与合作能力的提高。

（5）对于课程评价过程中对甄别功能与选拔功能过度强调的情况进行改变，促进学生的发展，同时使教师教学实践的能力得到改进与提高。

（6）不能过渡集中于课程管理，同时，应该实现全面化的三级式课程管理，即国家、地方和学校，增强、促进基础课程同地方之间、学校之间、学生之间的适应性。基于《全民健身计划（2021–2025）》，以及现阶段基础体育课程具体开展过程中存在的问题，全面地革新基础教育中体育课程的思想、内容、目标、组织、方法与评价等。

第二节　现代体育教学改革与发展

随着人类社会和个体的发展，教育必须不断进行改革。体育教学改革也必须适应教育整体的改革。体育教学自身的改革是系列改革，主要涉及体育教学思想、体育教学目标、教学模式等方面。这里介绍的是体育教学思想的改革。

一、学校体育教学思想改革与发展历史概况

随着学校体育教学实践的发展，尤其是改革开放以来，各种先进的教育思想的产生和融入，使得学校体育教学思想不断发展和丰富，逐渐形成了多种思维并存的局面。对于素质教育的全面展开与体育教学的指导而言，体育教学思想及其发展过程所发挥的作用是无可替代的。因此，对新中国成立以来我国学校体育教学思想的历史变迁进行分析，同时剖析了从 20 世纪 80 年代至今的体育教学主导思想。

我国常说的体育教学思想，通常指的是在一定的时代背景或社会背景下，开展体育教学实践活动的过程中，人们对于体育教学直接产生或者间接产生的看法或认识，同时，

在这样的条件下促进了体育教学理论方法体系的逐步形成，从而指导体育教学实践活动的具体实施。

对于我国学校体育教学思想的历史变迁过程，笔者进行了以下的总结与分析。

（一）运动技术中心论的体育教学思想

在新中国刚刚成立初期，我国的学校体育不可避免地进行了一系列的恢复与改造，基于当时的历史，向苏联学习是一种必然的趋势，学校教育也不例外，开始全面学习苏联，不论是竞技体育还是学校体育，从思想理论到方法体系基本上都是全盘照搬。在苏联教育体系相关作用的影响下，更加注重服务于社会、服务于国防的一系列内容，使得强调竞技运动技术的体育教学体系得以顺利形成。此外，不管是在体育教学结构中，还是在体育教学任务中，都更加注重运动技术。在当时的学校体育教学中，发挥着主导作用的是运动中心论的体育教学思想。从本质上来讲，此种思想只是把体育视作一种手段，而对于学生的个体需要也没有适当的重视。此外，也没有充分考虑到学生对体育学习的积极性以及学生的自主能力发展。过于强调竞技类体育教材，过于统一的体育教学模式，偏成人化、机械的体育教学方法与形式，导致学校体育教学活动中学生的学习状态始终都是被动的，进而使学生的个性发展受到了极大的影响，而体育其他功能的作用也没有得到重视。

（二）体质教育思想

在中华全国体育总会的第二届代表大会中，毛泽东主席进行了题词，内容是："发展体育运动，增强人民体质。"从根本上为我国体育事业的发展指明方向。对于学校体育理论思想与实践的发展而言，这一举措对其具有长期性导向作用。

20世纪70年代以来，学生体质普遍下降。针对这种现象，体育界的有识之士大声疾呼，要增强学生体质。1979年"全国学校体育、卫生工作经验交流会"在扬州召开，《中小学体育工作暂行规定》得以出台，其中规定了对于中小学体育工作的评定，主要是取决于学生的体质是不是得到增强，从此以后，逐渐开始形成"体质教育"的理论与方法。而体育教学的指导思想变成了以学生体质增强为重心，而不再是以运动技术为重心。体质教育思想对于人体生物钟改造的问题进行了强调，对于体质增强的时效性也存在一定追求。受体质教育思想的主导，体育教学开始采用非竞技的简单运动来进行身体锻炼，出现了"循回练习法"，以增强学生体质为目的，并以生物学为评价标准，推崇以"负估量"的密度和强度来衡量教学效果。[a] 这种教学思想在20世纪80年代初期影响较大。

（三）体育多功能思想

随着运动心理学的发展以及新兴的体育社会学科的诞生，特别是现代科学技术的高

---

[a] 王晟. 运动技能与体育教学. 长春：吉林大学出版社, 2017.

速发展，人们的生活方式发生了深刻的变化。现代体育已成为一种自然与社会的文化现象，体育功能不断拓展。20 世纪 80 年代中期。在《学校体育》杂志上，我国体育学者袁旦发表一篇名为《从生物体育观到生物心理社会体育观》的文章，将单一的生物体育观转变成三维体育观的思想提了出来，其中所谓的三维体育观，主要包括生物方面、社会方面、心理方面。在体育界这一观点很快得到认可，进而促进了学校体育认识上的又一程度的提高。体育单一观向体育多维观的转变，导致学校体育呈现出多目标方向、多功能的发展趋向。在现代体育教学中，多功能的体育教学思想已然存在一定的作用。

（四）快乐体育思想

几十年前，从国外引入的一种全新的体育思想理论就是快乐体育思想。快乐体育思想的主要特点是在自身需要与自身愿望的条件下，建立身体锻炼，对于运动中内在乐趣的体验问题进行了强调。在目标方面，快乐体育思想对其应当同终身体育思想紧密联系在一起的思想做出明确指示。在体育运动开展的过程中，对学生参与各种体育运动产生的不同体验、乐趣进行积极倡导，使学生能够充分地认识这种运动，渐渐地喜爱上这种运动，并且形成运动本身等同于主要目的的思想。从体育教材的内容上来讲，体育教育内容的分类应该从运动过程中产生的乐趣类型对体育教材体系进行重新构建。

（五）终身体育的指导思想

我们这里所探讨的终身体育指导思想，主要是从终身教育思想中延伸出来。20 世纪 90 年代中期，在体育教学的高中体育教学大纲中，体育教学的目的得到确立，即奠定终身体育的基础，同时还将它作为学校体育教学发展的长期目标。自 20 世纪 90 年代以后，终身体育思想一直存在较大的影响。

在此种思想理念背景下，对于学生建立良好身体基础的问题以及学生自主参加学习与锻炼的问题，学校体育教学给予了一定的关注；对学生体育兴趣爱好的培养要给予一定的重视；对学生体育锻炼良好习惯的养成要起到一定的促进作用，使学生自我体育锻炼的意识得到增强，同时使他们能够掌握一项或者两项受益终身的体育锻炼方法。所以，应该适当地对学校体育教学的手段、方法与内容等方面进行改革，为终身体育的开展创造良好的条件。

（六）"健康第一"的指导思想

伴随经济的全球化发展与科学技术的日新月异，从整体角度来看，人类社会的物质文化生活水平已经得到了一定的提高，人类的健康状况得到极大改善。然而，现代生产方式与生活方式使得人们减少了体力活动，与此同时还增加了自身的心理压力，严重地威胁到人们的健康，并且这样的情况也越来越严峻。对于健康，人们重新进行了认识。

所谓的健康，不是说不虚弱、没有疾病，而是在身心方面、心理方面与社会发展方面等都应该状态良好。

1999 年 6 月发布的《中共中央国务院关于深化教育改革全面推进素质教育的决定》强调了："青少年服务于祖国和人民的重要基础就是健康的体魄，同时也体现了中华民族旺盛的生命力。在学校体育教学开展的过程中，应该对'健康第一'的指导思想进行树立，使体育工作得到切实加强。"在"健康第一"思想理念的指导作用下，对于体育教学改革，学校应该全面深化，同时还要全面化地贯彻"健康第一"的指导思想，进而构建出体育课程的全新的重要理念，树立健康教育的全新思想观念。此外，"体育"不再是课程的名称，"体育与健康"才是课程的全新名称。在 1999 年 9 月，正式开始实行体育与健康的教学大纲，而之后"体育与健康"课程的新教材与《标准》也得到了陆续出台，使得一个将健康作为最终目标的全新的课程体系、教材体系与评价体系逐渐产生。

体育教学的重要指导思想是"健康第一"，其目标是提高整体健康水平，具体包括：使学生的身体健康得到促进，使学生的心理素质与社会适应能力得到促进，使得认知、行为学习、情感、技能等多项领域并进的体育教学格局得以形成；其他学科领域的一系列知识有机结合，例如，社会学科、环境学科、安全学科、卫生保健学科、营养学科、心理学科、体育学科、生理学科，等等。充分地考虑了学生的卫生习惯问题、健康意识问题、体育锻炼习惯养成问题，在体育课程教学的整个过程中，始终坚持使学生健康发展得到促进的重要思想，促进"健康第一"的最终实现。

通过上述 20 世纪 90 年代不同教学指导思想之间的比较，说明 90 年代以来体育教学思想呈现出多元现象，占主要思想的是以整体效益论和全面教育为指导。单一的以发展为主的教学已经不再为人们所接受。从研究比较分析中显示，对整体效益论和全面教育的思想也广为认同，已是教学改革的主流指导思想。

从 20 世纪 80 年代与 90 年代体育教学指导思想的比较中可以看出，随着社会的进步、教育改革的不断深入、各种先进思想的融入，使体育教学思想不断丰富和发展。然而，传统的教学观念在人们深层心理结构中仍然较稳定持久地存在，仍影响人们观念的更新，当然也会影响新课程的实施，这是值得十分重视的问题。

二、体育课程的设计程序

从系统论的观点出发进行分析，产生整体效应的原因可以是整体中各个组成要素，也可以是整体中各个要素间的互相联系。课程设计是一项系统工程，本书试图从体育课程设计的整体结构出发，分析、研究体育课程设计的诸要素，建立一个系统、可操作的体育课程的整体设计程序，以便使广大的体育教育工作者和体育教师更好地理解体育课程设计的全过程。这样有助于我们对已经进行的和将要进行的体育课程改革有一个正确的认识、判断和评价，从而有助于体育教学工作者确定课程改革的思路、设计课程改革的方案。

体育课程的整体设计程序应包括：课程理论的学习和研究，未来预测、课程支柱的研究；价值选择、课程理念与课程模式、课程结构的研究与确定，课程的实施和课程评价。

第三章 学生体育教学模式的改革研究

第一节 高校体育教学模式改革综述

一、高校体育教学模式的现状

（一）高校体育课程注重竞技类体育项目

传统高校体育课程的教学模式主要模仿的是苏联的教学模式，注重运动技能的训练，课堂上主要使用一种体育技能，评价过程重视学生对技能的掌握，不注重学生的个性化要求和兴趣掌握。当代大学生受到周围环境的影响较多，受到新观念和新思想的影响也比较多，不愿意接受这种传统的教学模式。如果长时间进行同一项体育运动，学生的积极性会受到很大的打击。对此，教师应及时进行变通，否则学生在体育课堂上就会出现各种问题，单调乏味没有乐趣的体育课堂也会逐渐受到学生的反对。长期如此，对学生的成长也不利。

（二）教学方法和教学方式不适应现代大学生心理

现在高校体育课堂上采取的还是传统的教学方法，在进行室外体育教学时，教师是体育课堂的主体，学生被动地完成教师布置的体育任务，而这些运动项目就是考试要进行测验的项目，应试教育的现象十分严重。我们不否认应试教育对一代学生的成长有积极的推进作用，但是这种传统的教学方法已经不适应当代大学生的心理状态。当代大学生追求个性化，好奇心重，勇于尝试新鲜事物，不希望在体育课堂上受到过多的束缚。他们有自己的兴趣爱好，有自己喜欢和讨厌的体育运动。因此，采取传统的体育教学模式，对学生体育锻炼的积极性会有很大的打击。

在传统的教学方式下，教师是安排整节课项目的主导，很少听取学生的意见，而且一般情况下，体育教师安排的运动项目运动量很大，但是一般大学生都不喜欢进行运动量大的运动，教师强制学生进行运动反而会适得其反。只有了解大学生的心理，让学生自主地安排运动项目进行体育锻炼，才能让体育课可以更加顺利地进行。

（三）统一性的教学授课不利于学生的个性化发展

进行教学改革的主要目的是促进学生的个性化发展，使学生成为高素质的人才。但是在传统的教学模式下，体育课程是集体授课，教师要面对的是几百人甚至更多的学生。由于学校教学进度的要求，教师要保证每个班级都能跟上学校的教学进度，所以，教师就对每堂课的教学内容有明确的安排，学生在体育课堂上的主要任务就是跟随教师完成当天的教学任务，根本没有时间进行自己喜欢的体育运动。长此以往，学生对体育课的学习兴趣就会大大减弱。学生在体育课上兴致不高，就很难进行体育锻炼，而且这种集体的教学模式，也不利于学生的个性化发展。大学生在体育课堂上无法进行个性化锻炼，将直接影响学生发展的体育锻炼意识。这种传统的应试教学模式已经严重阻碍了大学生素质的全面发展。

二、高校体育教学模式改革创新的措施

（一）教学过程中重视健康锻炼和快乐体育概念的运用

高校体育教学模式进行改革和创新，首先应对学校教师的教学思想进行改革，让教师改变原有的教学理念，接受新的教学方式和教学方法，在教学的过程中推进快乐体育、健康锻炼的教学理念。高校体育教师一般都是体育专业毕业的学生，他们在教学过程中经常将自己在学校中接受的锻炼强度直接应用到教学当中，忽视了高校体育课程和专业体育训练的区别，造成课堂上运动强度过大、学生肌肉拉伤等问题。高校体育课程的主要目的是锻炼学生的身体素质，了解一些简单的体育常识。高校体育教师应该注重把握学生的心理状态，将一些复杂的竞技体育项目进行改良，让大学生更容易接受。在游戏过程中进行体育锻炼，既能达到锻炼身体的目的，也能让大学生更容易接受体育锻炼。高校体育课程也应该受到更多学校领导的重视，将体育教学模式改革放到重要位置上，促进每一位高校体育教师接受新的教学理念，利用新的教学模式更好地开展高校体育教学。

（二）重视学生的自主性锻炼和兴趣点培养

大学生已经有了自主意识和一定的兴趣爱好，因此，在高校体育课程中进行教学模式改革，放权并让他们自主选择感兴趣的体育项目进行锻炼，将课堂上更多的时间留给学生，让他们自主进行分配，培养自己的兴趣爱好。传统的教学模式注重竞技类体育项目的锻炼和基础体育知识的介绍，这种教学模式不符合大学生的心理需求。这种基础体

育知识在初中和高中都会学习到，而且在长期的体育课堂中，大学生一经发现自己的兴趣爱好，就会更愿意在体育课堂上利用专业的场地进行兴趣锻炼。进行体育课程的主要目的是培养大学生养成体育锻炼的习惯。这种自主的体育锻炼，能够让大学生的兴趣爱好得到发挥，积极性得到更大的提升，也能够促进大学生养成终身体育锻炼的习惯。

（三）改变教学手段，增强体育课程的有效性

在进行高校体育课程的教学改革时，要注意改变原有的教学手段，增强课程的有效性。在传统的教学手段下，教师是整节课堂的主导者，教师安排整节课的节奏和内容，学生则被动地接受教师的安排进行体育锻炼，这种被动接受式的体育锻炼对教学效果的提高没有任何好处。因此，改革高校体育教学模式时，应该注意改变原有的教学手段，教师应该注意使用新的教学方法。教师在进行体育教学时，应注重与学生的沟通，对学生感兴趣的运动项目进行记录，了解学生的内心需求。体育课上教师在准备好相应的准备项目之后，应将更多的运动时间留给学生，让学生自主练习自己感兴趣的活动。这种更加广泛的教学方法，会得到更多学生的认同。

（四）分组教学，注重学生的个性化发展

传统的大学体育课程中，教学主要是以班级为单位的，但是每个班级中学生各自的情况并不相同，采取相同的教学方法对学生的活动积极性会造成一定的打击。在教学模式的改革中，可以根据大学生的兴趣爱好和不同的身体状况分成一定的小组，进行分组教学。这种分组教学，有利于教师进行教学管理，且学生能够对自己感兴趣的教学内容进行体育锻炼，能够大大提高学生学习的积极性。分组教学，学生的兴趣可以得到最大的锻炼，学生的个性也会慢慢地展现出来。这种分组教学的教学方法，更有利于学生全面提高身体素质和个性化的发展。

（五）改变原有的评价体系，系统全面地评价学生

体育教学模式的改革要注重改变原来的教学评价体系，不能以单一的评价体系评价学生。高校体育教师应该根据学生不同的身体素质和参与体育锻炼的要求进行教学评价，争取能够全面地评价学生，对学生参与体育课程的积极性有一定促进作用。在全新的评价体系中，教师要注重公平，坚持公正客观，提高学生参与体育锻炼的积极性。在全面评价学生的过程中，也应该注意学生的身体素质和体育技能的培养，让学生从内心建立起进行体育锻炼的意识。通过这种新的评价体系，教师和学生的关系也能有全新的改善，能够更好地促进学生参与体育课程。

综上所述，在传统的体育教学模式下，学生进行体育锻炼的积极性和兴趣会被消磨，体育教学的目的也没有达到。只有进行体育教学模式的创新，才能改变这种现状，改变

体育教师的观念，明确学生个性化发展的需求，让学生自主地选择运动项目，重视对学生体育技能和体育锻炼意识的培养，让学生养成终身锻炼的习惯，促进高校体育课程的教学目标的完成。

第二节　体育教学模式的改革与发展

教学模式是在一定的教学思想指导下，围绕着教学活动中的某一主题，形成相对的、系统化和理论化的教学范型。体育教学模式曾在20世纪引起过热潮，出现过上百种类型的模式，对活跃体育教学研究与实践产生过重要的影响。但由于研究的深度不够，支持的理论不足，导致理论研究萎缩、实践研究乏味。从体育教学创新的视角来看，体育教学模式既代表了某种教学思想与理念，又具备可操作性，还有一定的评价标准，应该说体育教学模式的提出是一种比较完整的教学改革，我们不能否定它的作用。因此，如何发挥基本达成共识的体育教学模式应有的功能，进一步规范体育教学模式的创新，应是今后体育教学模式研究、体育教学深化改革的方向。

一、传统体育教学模式的特征

（1）技能掌握式的体育教学模式。该种教学模式以运动技能为主，以系统的教学理论为指导，然后根据运动类型的特点来进行教学思想及模式的课程设计。这种教学模式较为注重教学结果，根据学生对技能的掌握情况来进行评价。

（2）体育教师的习惯性思维。每一位教师经过多年的教学，会在潜意识里形成一种具有自己特征的教学方式，这些是教师经过多年积累得来的。虽然在一定程度上会使教学课程顺利展开，然而却让教师的思维固定在一个框架里，这就限制了教师的想象力，不利于教学模式的改革。这种固定模式还会影响学生的学习积极性，使得学生思维及想象力得不到发展，进而影响教学效果。如在准备阶段，体育教师一般先安排慢跑，然后做徒手操，任何技能的教授都遵循这个过程，那么必然会影响学生的积极性。

（3）教学组织一致性。不同年龄、不同身体素质的学生对教学方法及体系的需求是不同的，然而传统的教学模式注重教学组织的外在一致性，忽略了学生的个体差异和学生的主观能力，学生的情感没有受到重视，学生的自身潜力也没有得到激发，使得学生失去了对体育学习的积极性。不仅影响了体育特点的正常发挥，还阻碍了学生身心的健康发展。

二、传统体育教学模式的弊端

近年来，传统的体育教学模式与学生需求的矛盾日益显现，导致教育界逐渐将目光转移到了如何创新大学体育教学模式上来。传统教学方法、考核方法及标准存在的弊端，很难引起学生对体育的兴趣。总结经验，笔者重点提出了以下几点不足，望能提供一些帮助。

（1）不适应当代大学生的身心需求。传统教学模式对20世纪七八十年代的学生产生了很大的作用，只能说是比较适应应试教育。然而随着社会的发展、时代的变化，年轻人的心态及性情都产生了很大的变化。他们好奇心强，具有很强的主观能动性，思维活跃，想象力丰富，喜欢体育运动，喜欢相对自由的活动环境，这些变化给传统教学模式带来了巨大的挑战。在这种情况下，我们本应根据他们的特点分别进行教学，提供相对自由的环境让学生自由发挥，然而传统教学模式由于其自身固有的特点，条条框框太多，束缚了教师的想象力及行动，导致教师的授课形式单一，从而限制了学生的自主学习性及创造性，不利于学生个性的发展。

（2）不能适应素质教育的要求。近几年来，国家非常注重素质教育，体育教学应尊重学生的个体差异，促进其个性的发展。大学体育不仅要培养学生良好的体质，还应将技能学习的方法教授给学生，让他们在学习体育技能的基础上培养良好的道德素质，形成良好的行为规范，从而促进学生的身心健康发展。而传统的教学模式长期用于应试教育，早已形成了一套固定的教学思维，注重身体锻炼，忽视整体发展，已严重阻碍了学生的全面进步。教育应以大多数学生的需求为准，与时代变迁相适应。

三、高校体育教学模式的改革与发展

1. 树立全民健身、全面发展的意识

近几年来，社会发展的步伐加快，科技日新月异，对大学生的要求越来越高，大学生只有全面发展，才能适应社会的需求。国家出台了几项政策，其中有一条是"运动参与、运动技能、身体健康、心理健康、社会适应"，由此可总结出以下三个方面的标准：

（1）学习体育知识，着重培养一二项体育技能。

（2）体育来源于实践，大学生应将体育锻炼同生活联系起来，加深对体育活动的理解。

（3）个人在进行体育锻炼的同时，还应乐于帮助周围的人参与到体育活动中来。

此外，高校体育不仅仅是一门学科，还是保障学生身心健康发展的重要工作。学校的体育教育情况能直接反映出这所学校的整体教学思想及教育理念。因此，高校体育规划必须纳入在学校的整体教育中，学校应高度重视高校体育教学。

2. 调整培养目标、提高体育教育质量

目标的实现一般是由课程来完成的，因此体育课程的改革刻不容缓。创新教学模式，将封闭式、竞技达标式的教学转化为开放式的教学，培养学生的终身学习理念，尊重学生的个性发展，挖掘学生的体育潜力，确保学生的身心向着健康的方向发展。此外，还应提高体育的教学质量，正确处理好"要求与需求、压力与动力、达标与参与、统一与个性、课内与课外"五大关系，充分体现身体教育的"身与心、情与志、苦与乐、得与失"的体育价值。教学质量的考核不能仅根据体质的达标、技能的提高以及知识的掌握程度来判断，而是应顺应时代的要求，以综合素质为主线，在加强体育技能教授的同时，还应与其他学科相联系，努力提高学生的综合素质及技能。在教学过程中，还应注重学生的情感体验，让学生在学习过程中充满愉悦感；加强对学生的人文教育，促进学生德、智、体、美、劳全面发展，这样学生才能在以后更加顺利地立足于社会。高校体育教学的责任很重，要深刻意识到体育教学质量的重要性，应在实践中不断发现问题、解决问题，才能找出一条合适的教学道路。

3. 尊重学生的个性发展

体育教学不仅是教师教、学生学的过程，还是教师与学生情感交流的一个过程。在这一过程中，教师应深入了解学生内心的需求，挖掘学生的潜质，尊重学生的个性发展。作为进入社会前的最后一站，大学体育教学不仅要增强学生的体质，提高学生学习的能力，还应培养终身体育的理念，加速学生的人格成长。据此，对体育教学提出了以下几个基本目标：

（1）在教学过程中，教师不仅要教会学生运动技能及知识，还应让学生了解到体育活动的乐趣和价值。

（2）在帮助学生锻炼身体的同时，还应让学生在不知不觉中遵循体育思想，建立和谐而有效的人际关系。

（3）在学习体育的过程中，应逐渐让学生树立终身体育的思想，养成参加体育锻炼、比赛的习惯，并培养团队精神。

（4）通过对体育的学习，培养学生良好的品质、意志和适应环境的能力。

4. 构建科学的评价体系

传统的评价标准较为单一，主要是根据学生的成绩来判断，这在很大程度上打击了学生的积极性。个体差异导致学生掌握方法的能力也不同，我们应当更多地考虑学生个体原有的水平及个体差异，从结果及过程两个方面遵循客观公正的标准进行评价。要想构建科学的评价体系，就要完善指导思想、评价指标和评价标准等，将健康、兴趣培养、身心发展相结合，根据不同的评价主体，制定不同的评价标准，以保证评价结果的客观性。

5. 体育教学模式应向多样化和多种模式并存的方向发展

体育教学模式是教学系统和教学过程的具体化与实际化。由于体育教学设计的思想、理念、原理不同，所设计的体育教学模式在结构和功能上也会各异，最终形成多种多样的体育教学模式。教学模式不同于教学方法和教学组织形式，它既有理论的支撑，也有实践操作的框架。随着体育教学改革的深入，体育教学模式层出不穷，有时还会处于泛滥的状态。因此，既要限制体育教学模式的无规则发展，还要使体育教学模式规范化，向多种模式并存、相得益彰的方向发展，这是今后体育教学模式多样化发展的基本方向。

6. 提高体育教学模式创新研究科学化、规格化

综观当前出现的诸多体育教学模式，虽然对打破原有的体育教学模式有一定的作用与意义，但是从中我们也不难发现，大家对所谈的教学模式都各执己见。体育教学模式似乎成了脱缰的野马，没有一个固定的方向和范围，造成了一定的混乱。因此，这些体育教学模式应不应该纳入常规的体育教学模式之中，今后的体育教学模式的创新应遵循什么样的原则，如何发展体育教学模式才能满足体育教学实践的需要，这些成为体育教学现实中必须解决的问题。

7. 深化体育教学模式的理论研究

体育教学模式既具有理论性，又具有可操作性。其理论性在于，它是在一定的教学思想的指导下，对体育教学过程的各要素加以组合，以实现某一教学任务的策略体系，是对体育教学规律、原则的反映，具体可表现为教学模式思想、教学模式目标、教学模式方法、教学模式手段、教学模式评价等，具有较为完整的结构。但目前我国体育教学模式的理论研究还不成熟，不断暴露出一些实践问题；一些理论问题的表达主要借鉴教育学科的理论知识，体现不出体育教学学科的特点，因此就造成了一些理论在实践中的错误理解和混淆。例如，体育教学模式与单元教学、体育课的关系不明确而容易使人产生"体育教学模式就是一节体育课，一节体育课就代表一种教学模式"的观念；各种体育教学模式的系统化研究不够（包括每一种的概念、理论基础、结构、操作程序、使用范围、适用条件、教学评价方式等），容易造成基层的体育教师不能准确把握各种体育教学模式的本质特征与优缺点，以至于造成各种体育教学模式混用的现象；体育教学模式分类体系各自为政、科学性不够，容易造成体育教学模式的随意发挥与低水平重复现象；体育教学模式与体育教学方法、体育教学组织形式、体育教学目标、体育教学思想等概念相互混淆的现象严重，容易造成体育教学模式与各种其他教学形式区分不清的现象；体育教学模式的命名与创新随意性大且比较混乱，没有统一的标准，容易导致体育教学模式越变越多，无法控制；大、中、小学不同年龄阶段的不同体育教学模式研究较缺乏，容易造成体育教学模式的选择不分年龄阶段的状况等。因此，深化理论研究十分必要。

8.加强体育教学模式的实践与实验研究

体育教学模式的实践性不同于一般的教学理论、教学方法、教学组织形式等，是对教学理论的具体化和可操作化，因而易于在体育教学实践中得到应用。这对于促进我国体育教学理论与实践的结合，丰富和拓展体育教学理论的研究具有重要意义。但是有关体育教学模式的实践与实验研究还非常缺乏，由于基层教师难以正确理解教学模式，以至在实践教学改革中很难推进。理论研究者缺乏教学实践经验，这也是体育教学模式改革工作的一个重要缺失。

9.保留演绎型教学模式

通过对实践经验进行概括而形成的归纳法以及依靠逻辑生成的演绎法是教学模式得以形成的两种方法。所谓演绎教学模式，就是根据一种理论和思想进行设计而成的教学模式。它包括很多种教学模式，1950年以后产生的教学模式大都属于这种类型。这种教学模式是从理论假设开始的，形成于演绎，它比较重视科学理论基础。演绎教学模式的这一特点不仅为人们自觉地利用科学理论做指导提供了一定的可能，还为主动设计和建构一定的教学模式来达到预期的目的奠定了一定的基础。综上可知，演绎型体育教学模式已成为现代体育教学模式发展的重要趋势之一，符合体育教学理论的发展与研究方向，因此，在进行体育教学模式深化改革中要注意保留演绎型体育教学模式。

此外，教师也是推动教学模式改革的重要因素，因此学校应做好培训工作，对于不合格的教师应加大培训力度，以保证教师的教学工作质量。

总而言之，大学体育教育任重而道远，必须将学生的利益放在第一位，尊重学生的主体地位。新时代的教学模式对教师提出了更高的要求，教师必须不断提升自己，及时摒弃不合时宜的传统教学方法及理念，重新学习，充分发挥教师的能动性，有效、成功地进行教学模式的改革。

第三节　课程改革视域下高校体育教学模式改革研究

一、素质教育理念下的高校体育教学模式改革的必要性

高等院校学生综合素质的培养是时代发展的客观要求，21世纪是一个发展迅速、竞争激烈、优胜劣汰的世纪，机遇与挑战并存、风险与成功同在，这种社会特征使人们的心理压力增大，心理障碍增多。素质拓展训练由于其活动内容的新颖性、活动过程的刺激性、活动条件的特殊性以及对参与者生理、心理、智力、合作等全方位的挑战，对他们的人生体验及团队合作意识会有很大的提升，特别是个人潜能会得到激发，提高学

生沟通交流的主动性，这将有助于学生以乐观的心态、坚强的意志面对今后的学习和工作增强学生的团结协作的精神以及与人为善、开朗活泼的性格，使学生学会关心人、体谅人，重新认识自己，对自己充满信心，懂得尊重和珍惜，理解父母的辛勤。素质拓展训练更有培养人的适应自然、挑战极限、战胜自我、同舟共济的生存生活技能和开拓发展素质的特殊功能。因此，通过素质拓展训练，加强高校学生心理素质培养，对学生的成长及将来的发展都具有重要的意义。随着社会的不断发展，现有的教育体制不能适应社会主义现代化建设和提高国民素质的迫切需要。因此，深化教育改革，全面推进素质教育，加快培养具有创新精神和创造能力的高素质人才，已成为我们在未来的竞争中赢得主动权、抢占制高点的关键所在。我国传统的体育课程内容主要是以体能训练为主，不注重学生心理、社会适应能力等素质的全面协调发展。《全国普通高等学校体育课程教学指导纲要》指出："因时因地制宜开发利用各种课程资源是课程建设的重要途径。"拓展训练，又称素质拓展，是以体验、经验分享的教学方式出现，通过体验式的培训让学生产生团队互动，在活动中促使每一位参与者都能体验所扮演角色的感受，让学生消除因为陌生而产生的隔阂，促进学生身心健康发展和服务于社会的适应能力的提升，体现了"以人为本、健康第一、工体结合、服务专业、终身体育"的现代教育思想。

二、教学模式改革目标

随着科学技术的不断发展，社会对人才的需求日益提高，如何培养出更多适应时代要求、具有开拓创新能力的体育专门人才，是当今体育教学工作中面临的一个重要课题。素质拓展训练基地的建设，将会培养学生的想象力与创造力，提高学生解决问题的能力；认识自身潜能，增强自信心，改善自身形象；克服心理惰性，磨炼战胜困难的毅力；认识群体的作用，体会有效沟通的重要性，提高对资源利用的有效认识，增进自我参与意识和责任心；改善人际关系，学会关心，懂得珍惜、感恩，更融洽地与群体合作；学会欣赏、关注他人，快乐地工作、生活。

现代意义上的拓展训练一般是指把受训人员带到大自然中，通过专门设计的具有挑战性的课程，利用种种典型场景和活动方式，让团队和个人经历一系列的考验，磨炼克服困难的毅力，培养健全的心理素质和积极进取的人生态度，增强团结合作的团队意识。内容丰富的拓展训练项目将更加贴近生活，形式上更加灵活，方法上更加多样，把趣味性与人文体育资源融入现代体育课中。可以使大学生在挑战各种困难中提高身心素质，在协同解决问题中增强社会适应能力。通过拓展训练使团队在设置的不同环境下彼此竞争，从而促成团队成员团结得更紧密，以期拓展训练结束后团队成员能够彼此更相互吸引，更相互合作，增强团队的凝聚力，拉近情感距离。

三、体育教学模式改革后融入的拓展训练的项目

拓展训练通常利用崇山峻岭、江河湖海等自然环境，通过精心设计的活动达到磨炼意志、陶冶情操、完善人格、熔炼团队的培训目的。拓展训练主要由野外、水上和场地三类课程组成。鉴于高校改革体育教学模式的可操作性以及全国部分高校试行的结果，拓展训练中场地课程较为适合作为教学模式改革的前沿课程。场地课程是在专门的训练场地上，利用各种训练设施，如高架绳网，开展各种团队组合课程及攀岩、跳越等身心训练活动。根据场地的不同，课程可以分为室内和室外两部分；根据课程性质不同，可以分为个人项目和团队项目。其中个人项目的代表课程有跨越断桥、独木桥、信任背摔等在高空中独立完成的项目，是训练个人心理承受能力的项目。团队课程又包括双人项目和集体项目。双人项目代表课程有双人钢索和天梯等双人合作才能完成的项目。集体项目一般是团队所有成员共同参与合作的项目，有木屐行走、沼泽罐头鞋、荒岛求生、死亡电网、部门传递、搭积木、毕业墙等，训练的目的是增强团队的凝聚力，洞悉团队的优点及团队成员合作的优势，培养良好的人际关系，建立有效沟通，互动合作，启发团队的创造力和想象力，培养团队与个体之间互动的心理协调能力。拓展场地训练项目一般包括断桥、空中抓杠、山地训练、孤岛求生、天梯、背摔、电网、绝壁、空中接力、逃生、有轨电车、过沼泽、自制早餐、自制队服、走钢丝等，能够使学员达到"磨炼意志、完善人格、熔炼团队"的培训目的，是一种现代人和现代组织全新的学习方法和训练方式。训练通常有以下四个环节：

（1）团队热身。在培训开始时，团队热身活动将有助于加深学员之间的相互了解，消除紧张，建立团队信任，以便轻松愉悦地投入到各项培训活动中去。

（2）个人项目。本着心理挑战最大、体能冒险最小的原则设计，每项活动对受训者的心理承受力都是一次极大的考验。

（3）团队项目。团队项目以改善受训者的合作意识和受训集体的团队精神为目标，通过复杂而艰巨的活动项目，促进学员之间的相互信任、理解、默契和配合。

（4）回顾总结。回顾将帮助学员消化、整理、提升训练中的体验，以便达到活动的具体目的。总结能促使学员逐步将培训的收获迁移到工作中去，以实现整体培训目标。

综上所述，传统的高校体育教育已不能适应当今社会对人才的要求。为大力推进素质教育，树立健康的指导思想，深化课程改革，优化课程结构，改进体育教学内容，增强体育课的针对性，应对体育教育进行挖掘、延伸和改进。拓展训练在高校体育教学中有着广阔的发展前景。拓展训练是体验式学习的一种，是利用教育学、心理学、组织行为学、管理学等学科知识，有针对性地根据学生的特点和需求设计出来的在模拟或是自然环境下克服困难完成预先设计的任务的一种运动，是一项集惊险、刺激、娱乐、合作、

教育于一体的课程。拓展训练中的一些低要素、低风险的拓展游戏项目对场地、道具、安全设施等多方面的教学要求不高，因此很容易引进到高校的体育课中，从而能有效地扩展现有体育教学的教材和空间，为学校体育很好地实现教书育人的目标提供了新的思路和方法。因此，高校开设拓展训练课程对于提升大学生的素质教育具有重要意义和价值。

第四节　课程变革背景下高校体育教学模式改革策略

现如今，随着网络信息技术的高速发展，人们已经完全进入了一个网络时代，人们的工作、学习及生活的方方面面都离不开网络这一大环境，网络信息技术也早已广泛应用于教育领域，推动了教学模式的改革与创新。同时，随着素质教育的不断推广与发展，体育教育的地位也得到了极大的提升。高校体育教学作为社会体育与学校体育的纽带，其重要性更为突出。因此，近些年来，高校体育教学改革的浪潮逐年高涨，在这个网络环境之下，高校体育教学模式的创新肯定会受到网络环境的影响。

一、高校网络体育教学模式的主要构成要素分析

通过运用现代网络信息技术，为高校体育的教学增添了新的元素，能够建立一种新型的高校网络体育教学模式。

1. 网络信息技术

网络体育教学模式，自然离不开网络信息技术的支持，它是高校网络体育教学模式的物质基础。互联网以及各种多媒体教学设备的使用，可以为信息的传递营造出一个良好的氛围，从而促进教学模式的改革与创新。在网络环境之下，可以推动体育教学形式的多样化发展，可以使高校体育教学迈入一个全新的时代。

2. 教学目标

同其他课程的教学一样，高校体育教学也具有教学目标，网络环境下的高校体育教学也不能偏离既定的教学目标，只能说是利用网络信息技术以更好地实现这一体育教学目标。当前，在素质教育的影响下，在社会对人才多方面需求的作用下，我国高校体育教学目标已经开始朝着促进学生综合素质全面发展的方向转变，不仅要传授给学生一些相关的体育技能、促进学生体质水平的提升，还应该培养学生养成良好的运动习惯，树立终身体育意识，促进学生创新实践能力的提升，将德育、美育融入体育教学之中，以提升学生的道德修养以及审美修养。

3.人机互动的交互式学习模式

网络化教学必须在相关设备的支持下才能够进行。在网络化的体育教学活动中，人既可以是教育者，也可以是学习者，同时还必须依靠网络信息技术以及相关互联网设备的支持。在网络体育教学模式中，人际关系，既包括了师生之间的关系，也包括了人与计算机之间建立的关系。在高校网络体育教学模式中，师生之间通过计算机网络这一特定的媒介，开创了一种与传统教学模式存在明显差异的新型教学模式。在这种新型教学模式下，师生之间可以不进行直接的面对面接触，教师可以通过计算机网络这一特定的媒介将相关知识技术传授给学生，学生也可以随时随地通过网络来学习体育教师所上传的学习视频。

二、网络环境下高校体育教学模式的特点分析

网络环境下的高校体育教学模式应当具备以下三个特点：特点一：智能化。网络环境下，高校网络体育课程的形态已经超越了传统书面教材的固定形态，突破了时间与空间的双重限制，在充分利用各种多媒体教学设备的基础上，让体育网络课程变得更加丰富、更加有趣、更具特色。特点二：经济性。虽然在高校体育网络化教学的构建以及开展过程中，需要一些多媒体教学设备以及网络技术的支持，但是这些成本投入相对来讲是固定的，只需投入一次，往后便可以通过后期的维护长时间地为全体师生提供服务。对比来看，这种教学模式比传统的教学模式更加经济实惠，电脑、手机几乎每个大学生都有，同时学校也都覆盖了网络，随着体育网络课程的推广，极大地降低了学生的学习成本。特点三：广泛性。网络环境是一个开放性的环境，无论是教师还是学生，都可以通过网络来获得丰富的教学信息，从而突破了传统教材的局限性，提高了学生知识获取的广泛性。

三、网络环境下高校体育教学模式改革策略分析

1.深入分析高校体育教学的内涵与意义

高校体育教学改革已经实施多年，最关键的还是思想理念上的改革，必须要坚持"以人为本""快乐体育""健康第一"等教学思想的指导。当前，人们已经迈进了网络时代，高校体育教学在网络环境下也必须要进行相应的改革。在这一环境下，合理地利用高效率的网络，既能够丰富高校体育教学内容，完善高校人才评价标准，也能够推动高校体育教学改革的步伐，更好地实现高校体育教学目标。作为一名高校体育教师，必须要明确高校体育教学活动开展的意义所在，其意义不仅仅在于促进学生体质健康状况的提升，而且还在于培养学生养成一种良好的运动习惯，让他们能够终身受益。更重要的是，通过高校体育教学活动的开展，能够培养学生的创新能力、实践能力、自主学习能

力等。

2. 构建并完善高校体育网络教学平台

新型网络体育教学模式的构建已经成为当前体育教学改革的主要发展趋势，因此，必须构建并完善相关教学平台，以促进教学活动的顺利开展。在此，应从以下两方面来强化网络信息技术的应用方面，对教学设备进行强化，以保证教学活动能够在相关硬件设施以及软件设施的支持下顺利开展；另一方面，对高校体育教师的互联网应用能力进行强化，只有提高教师的互联网应用能力，才能够有效提升网络课程开展的质量。

3. 依托网络环境促进学生综合素质能力的培养

当前，社会对人才的要求越来越高，要求高校毕业生不仅要具备扎实的专业功底，还要具备健康的体魄，更要具有良好的沟通能力、合作能力、创新能力等。因此，高校体育教学也突出对学生综合素质能力的培养。互联网最突出的优势便在于其融合了大量的教育资源，教师与学生都可以有效利用网络的丰富教学资源来进行教学与学习。通过教学实践发现，网络化教学不但能够更好地实现体育教学目标，而且还能够促进学生综合素质能力的全面发展。

综上所述可见，在这个网络时代，构建出新型网络体育教学的模式已经成为必然趋势。因此，为了促进教学效果的提升，各高校应该加强学校网络信息化教学改革的投入与力度，以推动高校体育网络教学的实现，最终实现推动学生综合素质全面发展的目标。

第五节　高校体育俱乐部教学模式的改革策略

体育俱乐部主要建立在体育爱好者自发性与自立性的基础上，属于一种以提升身体健康、促进彼此之间相互协调为目的的体育性活动组织。在 20 世纪 80 年代，体育俱乐部作为我国普通高校大学体育教学的改革成果，最早出现于我国沿海地区的高校体育教学之中，并引起了体育教学领域研究人员的关注。

自此相关研究成果相继出现，例如唐启进首次对高校实施体育课内外一体化教学模式进行了深入分析。他认为，体育课内外一体化教学模式中，体育课以教师为主导，课外活动以学生为主导。针对高校体育俱乐部教学模式的研究不断涌现，虽然观点不尽相同，但均以实现课内外一体化、培养学生的个性、提升学生的体育文化素养、挖掘学生的创造能力、完善学生的体育思想等为主线，这在一定程度上奠定了我国高校体育俱乐部教学模式的发展方向和思路。

一、普通高校体育俱乐部教学模式的基本特征

（一）激发大学生体育学习的兴趣

体育俱乐部教学模式与传统体育教学模式不同。后者注重的是学生学习和掌握体育的基本技术和基本技能，在教学中注重的是教师的教，轻视甚至忽视学生的主体地位，会造成教与学脱节。体育俱乐部教学模式则是尊重学生的学习主体地位，有助于学生自由选择自己喜欢的任课教师，有助于学生自由选择体育课程内容，还有助于学生根据自己的时间安排选择具体的上课时间。这种现代化的高校体育教学模式，有效扭转了我国传统的从小学到中学再到大学的一条龙式的机械式教学模式，能够最大限度地激发学生参加体育锻炼的兴趣，帮助学生选择真正喜欢的体育运动项目，使学生从原来被动式学习转变为主动式学习，能够有效调动学生积极参加体育运动的激情与动力，并使其努力投身于体育活动中。

（二）拓展高校体育教学空间

高校体育俱乐部教学模式是对传统体育教学模式的革新，其中突出的表现之一就是有效拓展了高校体育的教学空间，促进了体育教学的社会化与娱乐化。高校体育俱乐部教学模式能够充分激发学生的学习主体性和教师的教学主导功能，帮助学生自由择取教师、课程和上课时间，强化学生学习体育的自由度，即学生想要学习什么、如何学习、跟随哪位老师学习、在何时进行学习等，都是由学生自己决定的。随着社会的不断发展，新时代的大学生获取体育知识与体育技能的渠道日益广泛，这就导致大学生对院校体育的兴趣与依赖性不断降低，而充分尊重学生主体性的俱乐部式教学模式则能够重新点燃学生参与院校体育学习和各项体育活动的热情，并能够有效提升高校体育教学的整体效率。

（三）完全实现课内外教学一体化

体育课内外一体化教学模式是以体育课堂教学为主，充分利用和发挥课外体育活动的功能，发挥课堂教学教师的主导作用，培养学生学习的兴趣，传授学生学习的方法，注重提高学生学习的能力。课外体育活动教师负责组织、管理和指导工作，从而激发学生的主体意识，提高学生相互协作的能力，培养学生的团队精神和终身体育理念。

目前，国内大部分高校的体育课程都是每周上一次课，极为有限的教学时间难以促进体育教学目标的实现，这就要求学生必须通过课外体育活动来弥补课堂教学的不足。从体育教学的基本内涵来看，高校体育教学只有延伸到学生的课余实践中，将课余体育活动、早操等列入高校体育教学的管理中，逐步构建完整的体育课堂与体育课内外一体

化的完整教学形式，才能实现高校体育教学的健康和有序发展。体育俱乐部教学模式这种以体育项目类型为基础的俱乐部形式，不仅注重学生课堂的体育锻炼和学习，而且还强调课外活动时间体育项目的锻炼，能够将学生的自身状况与兴趣爱好紧密结合在一起，从而促进课内外教学的有机结合。

二、高校体育俱乐部教学现状与存在的问题

近年来，随着我国高校体育改革的不断深入，体育俱乐部这种从国外引进的教学模式在我国高校体育教学中已经有了一个良好的发展基础和前景。高校体育俱乐部教学模式符合 2002 年教育部颁布的《全国普通高等学校体育课程教学指导纲要》提出的"根据学校教育的总体要求……满足不同层次、不同水平、不同兴趣学生的需要……充分发挥学生的主体作用和教师的主导作用，努力倡导开放式、探究式教学，努力拓展体育课的时间和空间。在教师的指导下，学生应具有自主选择课程内容、自主选择任课教师、自主选择上课时间的自由度，营造生动、活泼、主动的学习氛围"的要求。目前，全国各大高校都在积极探索和开展这种新兴的体育教学模式，但体育俱乐部教学尚处在起步阶段，在快速发展的同时也产生了一些问题，影响和制约了我国高校体育改革的发展。

1. 大学生的体育健身观念较为淡漠

调查数据显示，部分高校大学生课余时间参与体育锻炼的频率一周 2 次的约占 47%，一周 3 ~ 4 次的约占 37%，一周最少 5 次的约占 13%，未参与锻炼的约占 3%。从这组调查数据中不难看出，有一大半的学生都没有达到高校体育锻炼的要求。出现以上问题的原因是多方面的，但主要有以下三点：一是大学生的学习压力较大，需要应对的学习任务较多，根本没有足够的时间与精力去参加体育锻炼。二是高校体育俱乐部在培养大学生终身体育锻炼方面的意识不强，部分教学方式仍需要不断改进。三是高校体育俱乐部教学模式在培养大学生的意志力与忍耐力方面还明显不足，虽然在一定程度上迎合了大学生的体育爱好或兴趣，增加了一定的学习自由度，但未予以合理的引导，从而导致大学生的体育锻炼出现了无序性，体育锻炼的强度与数量等也都无法得到良好的保证。

2. 体育俱乐部的师资力量不足

师资力量不足将直接影响高校体育俱乐部教学模式的改革与发展。当前，高校体育俱乐部教师队伍的业务能力、知识结构、综合素质等还无法满足大学生的各项发展要求，尤其是现行的高校体育教师团队仍以教授传统的体育项目为主，时尚类的体育专业教师十分匮乏。随着我国社会经济的快速发展，人们对精神生活的追求越来越高，休闲娱乐、健身运动等活动项目的普及力度越来越大，大学生的体育学习兴趣也不再拘泥于传统的体育项目，一些更为时尚的体育活动项目日渐成为大学生群体的流行趋向，如户外拓展、

攀岩、越野、蹦极等。高校体育俱乐部教学模式在供大学生选择体育项目方面不够均衡，从而造成热门项目的师资配备不足、传统项目的师资过剩的矛盾局面。另外，长期以来实行传统的体育教学模式，导致诸多体育教师的教学理念出现了定向化的特征，从而致使即便是推行了高校体育俱乐部这种新兴的教学模式，但在实际采用过程中依然是套用传统的教学内容与方法，导致高校体育俱乐部教学模式的功能与作用无法真正得到发挥。

3. 体育俱乐部的考评体系不够健全

当前，我国大部分高校体育俱乐部在对大学生体育成绩进行考评时，都以结构性的考评方法与教师的终结性考评方法为主。其中，结构性考评的突出特征是将运动技能、体育态度、体育知识等融入体育考评内容，教学目标是实现大学生理论知识与实践技能、体育能力与体育技术、体育态度与体育成绩相结合。但从根本上来讲，结构性考评方法依然是以教师的绝对性评价为主，如大学生的体育态度、体育技能、体育知识测评等内容考评，严重依赖于教师的教学态度与教学质量，从而使得对大学生的考评缺乏客观性与稳定性，存在较强的片面性与局限性。由此可见，我国高校体育俱乐部的考评体系依然不够健全。

三、高校体育俱乐部教学模式的改革策略

（一）深入理解和认识体育俱乐部教学模式的内涵与价值

要想真正理解高校体育俱乐部教学模式的内涵与价值，不仅要科学地认知其浅层含义，而且还要明确高校体育俱乐部教学模式与社会职业性体育俱乐部之间的不同。高校体育俱乐部是高等院校体育课程改革的重要拓展和深化，是根据当代大学生的特点及进行体育锻炼的实际情况和需求而提出的体育课程教学模式。高校体育俱乐部教学模式的根本目的在于实现课内外一体化，调动和激发学生体育锻炼的积极性和主观能动性，使他们加强对体育锻炼重要性的认识，树立正确的体育锻炼价值观，以及深入理解高校体育俱乐部教学模式的真正内涵，紧密结合自身的身体状况与体育课程的学习情况，高质量、高效率地学习体育知识与技能。高校体育俱乐部教学模式的精髓是完全实现课内外一体化。

体育课内外一体化教学模式由体育课和课外体育活动两部分组成，体育教师和学生相互协调配合，各自发挥不同的作用。课堂教学为学生从事课外体育活动奠定了基础，课外体育活动又促使课堂教学的内涵得到了深化和提升，建立起课堂教学、课外体育活动、体育竞赛相互促进，学生在课堂中学、课外活动中练、体育竞赛中赛，形成了以学促练、以练促赛、以赛促学的良性循环。

（二）建立健全体育俱乐部教学的管理体系

"以人为本"是高校体育俱乐部管理的根本理念，完善合理的体育俱乐部管理体系是促进体育俱乐部教学模式深入改革的重要保证。具体而言，就是要建立健全高校体育俱乐部的组织机构体系，优化体育教学的管理体系，以确保体育俱乐部教学模式的衔接性和连续性，如设置体育俱乐部管理中心——负责制订具体的工作计划，以及督查工作计划的实施情况。同时，还要明确体育俱乐部的各项规章制度，制定经费明细表，实施责任制等。另外，体育俱乐部的管理机构还应对各个单项俱乐部予以积极的援助、协调与指导，负责其设立、调整、经费筹集、器材设备配置等诸多事项。一般而言，体育俱乐部是由高校独立设置的，与社会上的体育俱乐部并不挂钩，专门负责培育业余的体育裁判员、管理者与辅导员，将体育娱乐、体育保健等融入高校体育俱乐部的活动体系。值得注意的是，高校体育俱乐部管理体系的逐步完善，需要结合学校的现状，将学生的兴趣爱好、身体素质、运动水平等因素考虑进去，并逐渐确定较为稳定的体育锻炼项目，不断增设新项目，促使学生了解并掌握体育卫生、体育保健、体育救助等方面的常识性知识。

（三）促进体育俱乐部建设目标的多元化

在新时代高校快速发展的背景下，高校体育俱乐部教学模式的改革重点在于不断明确自身的建设目标，依托多样化的体育俱乐部形式，促进高校体育俱乐部教学模式的全方位发展。尤其要在满足高校体育俱乐部教学模式创建的基础上，突出大学生的主体性地位，满足大学生的个性化需求和高校体育教学的实际需求。根据高校体育俱乐部的教学特点，制定具体的教学目标。具体来讲，体育俱乐部教学目标的多元化建设需要明确三点内容：一是尊重学生的主体地位，帮助学生树立终身参与体育运动的思想意识与习惯。二是巩固学生的体育理论知识和运动技能，增强学生的身体素质，促使其养成良好的体育锻炼习惯。三是坚持体育思想品德的教育指导，切实促进学生综合素养的提升。总而言之，只有牢固树立高校体育俱乐部的建设目标导向，不断丰富目标多元化的实施路径，切实做到以落实建设目标为根本抓手，才能全方位地促进高校体育俱乐部多元化建设目标的实现。

（四）构建合理的体育俱乐部教学考评体系

科学完善的体育俱乐部教学考评体系不仅是保障高校体育俱乐部教学模式有效运行的体制机制，而且还是促进高校体育教学改革的推动力。传统的体育考核办法是以运动技能和运动成绩为主，强调的是定量分析，虽然具有一定的科学性，但容易使学生产生挫败感，打击学生学习的积极性，不利于学生的成长和进步。这就需要高校突破传统考核模式的束缚，将定性考评与定量考评有机结合，不仅要对学生的体育技能进行有效考评，还要对学生的学习态度、课堂情况、基础水平和进步状况予以综合考虑，将考评的全面性与公平性特征全方位展现，充分激发学生的学习热情，以学生的身心健康作为体育教学目标。与此同时，还应对教师进行科学考评，通过采取体育教师技能比赛、教师之间互评、学生打分、督导听课等多种方式对教师的体育教学和课外体育指导情况进行考评和监督，不断激励教师改进教学方法，提升教学质量与教学效果。

（五）提升体育俱乐部教学的师资水平

师资力量直接关系着高校体育教学的效果和质量。大学生在体育俱乐部参加体育学习与体育锻炼，本质上属于主动性的学习，而教师则在体育俱乐部充当组织者、答疑者和指导者的角色，这就对教师的体育知识储备、体育实践技能、技战术水平、体育文化常识等提出了更高的标准与要求。只有具备扎实的理论知识与较高的实践能力，教师才能高质高效地引导学生进行体育学习与锻炼，进而实现教与学之间的相互促进。因此，高校体育俱乐部必须有计划、有步骤、有目标地推进体育教师的培训，定期或不定期地举办各种类型的体育座谈会、体育比赛、体育观摩等活动，从各方面满足学生的知识与技能需求，进而促进高校体育俱乐部教学模式的改革与发展。

高校体育俱乐部教学模式是适应学生的身体特征、个性发展、心理素质和高校体育教学改革的一种新兴教学模式。然而，目前我国相当一部分高校在实施体育俱乐部这种教学模式的过程中依然存在许多问题。只有深入认识与理解体育俱乐部教学模式的概念、内涵与目标，构建更为科学合理的管理体系，采用科学有效的考评方法，配备一支高水平、高能力、专业化的师资团队等，才能有效促使高校体育俱乐部教学模式朝着多元化、快乐化和终身化的方向发展，充分激发大学生参加体育活动的积极性与主动性，将课堂体育教学同课外体育活动有机融合，最大限度地发挥高校体育俱乐部教学模式的价值。

第六节　基于翻转课堂的高校体育教学模式改革研究

一、翻转课堂的内涵和特征

翻转课堂（Flipped Course）是教育界热议的一种教学模式，它翻转了以往课上学习、课下完成作业的传统教学程序。翻转课堂为教师提供了一种全新的教学框架，它可以增加学生和教师之间的互动，是一种全新的混合式学习方式。翻转课堂体现了个性化的教学方式，注重学生协助学习，赋予学生自主学习平台。这种新的教学方式有利于构建和谐的师生关系，也使得教学资源得到充分的利用和发展。

目前，国内外对于翻转课堂存在两种不同的解释：一种解释强调翻转课堂的具体实施步骤，其代表性的解释为翻转课堂是教师根据教学目标和教学内容及学情，制作课程教学视频，学生在课外或家庭中进行自学和练习内化，课堂上师生进行交流碰撞的一种教学形态（许行亮，2014）；另一种解释则强调翻转课堂的功能，其代表性的解释为翻转课堂是通过对知识传授和知识内化过程的颠倒，从而改变传统教学中的师生角色并对课堂时间的使用进行重新规划的一种教学模式（马俊臣，2014）。前者主要聚焦于翻转课堂内涵的微观层面，后者则主要聚焦于翻转课堂的宏观层面。无论是微观层面还是宏观层面的解释，都存在着一定的局限性。因此，王国亮将翻转课堂理解为，为了实现能力培养的目标，以信息化网络和课堂的形式进行分组教学，强调学生课前知识和技能的学习，课中、课后将知识技能进行内化和应用。

二、高校体育课实施翻转课堂的必要性

近几年，翻转课堂成了国内外教育学者们研究的热点。翻转课堂颠覆了传统的教学模式。实践证明，翻转课堂不仅可以激发学生的兴趣、提高考试成绩，还能提升教师对工作的满意度。随着高校体育教学改革的不断深入，传统的教学已不能完全适应未来社会发展对人才的需求，体育教学模式也在不断创新和改变。体育教学模式的构建是体育教学改革中的重要组成部分，因此，体育教学模式的构建研究对体育教学改革产生了积极的推动作用。

首先，与其他学科相比，体育教学作为一门实践性很强的课程，具有其特有的专业特点。在教学内容上既有理论部分也有实践部分，学生既要学习相关的理论知识也要掌握技术动作。在传统的体育教学中，教师在有限的时间内，既要讲解技术动作的概念、动作要领及方法，又要示范技术动作，使得课堂上讲解与示范占用的时间较多，学生的练习时间不够。特别是对于技术性较强的课程（如羽毛球、排球等球类课程）而言，在十几周的教学时间内，教师和学生在每周一次的课堂教学中完成一项技术的教学与学习，教学效果难以得到保证。随着"互联网＋"时代的到来，高校体育教学的内容还可以更加丰富和多元化，不仅仅是局限于现有的教学大纲和理论教材，任课教师还可以充分利用各类与课程相关的在线资源来进行教学活动，学生也可以利用相关网络工具或教学资源对自己感兴趣的内容进行自学。这种新型的教学模式不仅可以保证高校体育教学的质量和效果，也能适应社会的发展和时代进步的要求。所以说，翻转课堂教学模式为体育教学模式的构建提供了新的思路。

其次，翻转课堂教学模式有利于学生学习过程中的个体差异。针对高校学生存在许多个体差异，如不同地域、不同生活条件等情况，在高校体育教学领域中开展个性化的

体育教学活动是高校体育教育工作者面临的重要问题之一。尽管提出了分层教学法、差异化教学等教学方法和教学理念，但在实际的高校体育教学实践中并没有真正实施。而翻转课堂教学模式不但可以让学生在课前利用线上教学资源进行自学，而且学生之间还可以进行线下交流，教师在课堂上针对学生的学习情况进行纠正和优化。所以说，翻转课堂为高校体育实现个性化教学提供了新的方法。

三、高校体育课实施翻转课堂的可行性分析

目前，翻转课堂教学模式主要集中在中小学教育教学中，在高校教学中，尤其是高校体育教学中还未发现。但因翻转课堂教学模式与高校体育教学的技术原理相一致，对于体育教学目的的实现十分有益。体育教学是以培养学习者"终身体育"的锻炼能力为目标，通过体育教学让学习者掌握动作技术，形成运动技能。体育教师在教学中需要通过示范、讲解等手段对技术动作进行直观教学。在基于翻转课堂的体育教学中，学生首先在课前利用线上资源进行自学、前期练习，建立初步的认知，并且模仿教学视频中的动作；其次在课堂上，学生可以结合自己在课前的学习情况进行深入的学习，任课教师在此阶段对学生的动作进行纠正和指导，达到提高和改进技术动作的目的；最后，学生可以通过课后练习或相互交流，熟练技术动作，形成动作的自动化。所以说，翻转课堂教学模式的实施过程与体育运动技能的习得过程相一致，也能更好地实现高效体育教学的目的和效果。

翻转课堂教学模式的实施需要具有计算机和信息技术及学习者自主学习等软硬件条件的保障。任课教师在应用翻转课堂教学模式时，需要在课程开始前进行相关教学视频的制作，也可以将优秀教练员的教学视频或运动员的比赛录像进行加工和编辑，并将相应的教学资源上传到网络教学平台上，学生在课前需要进行线上自学并为课堂练习做好相应的准备。翻转课堂教学模式不仅节省了任课教师在课堂上讲解和示范的时间，也提高了学生练习的密度，增加了学生练习的时间。从硬件方面来看，新时代的学生大部分都拥有个人电脑和智能手机，能够及时获取网络教学资源。所以说，高校具备了开展翻转课堂教学模式所需要的软硬件要求，翻转课堂教学模式在高校体育教学中的应用是可行的。

四、高校体育课实施翻转课堂的困境

1.学生课前的自主学习缺乏监督

由于翻转课堂的实施有赖于学生课前的自主学习，实施翻转课堂的关键在于学生课前需要进行自主学习，学生依据教师上传的学习任务，进行在线学习并能够初步掌握动作技能。在线学习过程中，学生可以通过在线交流平台与同学或任课教师进行交流和沟

通。在课堂教学中，任课教师只需根据学生课前的学习情况有针对性地进行讲解和示范，从而保证了学生的练习时间和练习强度。然而，学生的课前学习缺乏有效的监督，这将会影响翻转课堂在高校体育教学中的实施和应用。

2. 体育教师的能力和素养亟待提高

与传统体育教学模式相比，翻转课堂教学模式不仅翻转了教师、学生教与学的过程，还翻转了两者的主体地位。所以，它需要教师彻底改变原有的教学理念，提升自身的能力和素养。体育教师可以充分利用网络教学平台，制作或编辑教学视频，让学生进行在线自主学习。同时，教师还要对学生的课前学习情况、课中学习情况进行有效、合理的评价，从而更好地达到预期的教学效果。这一系列的工作都需要教师具备相应的信息技术水平和专业素养，体育教师的能力和素养也是决定翻转课堂成败的关键。

第七节　基于拓展训练理念下的高校体育教学模式改革策略

我国对于教育极其重视，学生是一个国家新的血液，是明天的太阳，是祖国的希望。随着全面教育发展战略举措实施以来，体育与健康这一门课程也逐渐进入大众的视野，这个是身心和谐发展、思想品德教育、文化科学教育、生活与体育技能教育于身体活动并有机结合的教育过程，是实施素质教育和培养全面发展人才的重要途径。

然而教育发展到今天，体育这一教学科目也亟须改革，学生们只是在小小的、有限的区域内进行体育项目的学习，比较压抑，而拓展训练可以更科学地使学生得到全面发展。拓展训练始于"二战"时期的训练项目，有着悠久的发展历史，对于人才的培养有着更深的见解，希望基于拓展训练的理念，可以对高校的体育教学模式进行相应的改革，使我国的体育课程达到事半功倍的效果。

一、对于拓展训练的概述

1. 关于拓展训练的教育学意义

拓展训练是一种野外生存体验训练，在这项训练中，被训练者的能力会得到全面的提升。在恶劣的环境中，学员要有较强的心理素质，用自己的心态来改善环境，并积极主动地去完成任务，挑战自我。同时，也培养了学员的独立能力，增强其自信心，独立完成自己所负责的任务，这对之后的就业也会很有帮助，有助于提升学生对工作的独立处理能力，也会增加学员自身的团队协作能力。

拓展训练有助于大学生之后的学习和就业，对于高校的教育很有帮助，对于学生的学习和教师的工作也有很多的益处。在拓展训练中，训练员是一位引导者，而不是一位教师的角色，这样会使学生和教师的关系变得更加融洽，更有助于互相学习和进步。学生不仅可以学会一些独立能力，还可以相应地提升个人的品格，大学生的素质也会得到提高，对于教育的帮助力度可见一斑。

2. 国内拓展训练的现状

我国的拓展训练大致分为以下三个方面：第一种是娱乐大众，是普通百姓都可以挑战的一种娱乐性质的训练，教育意义不明显，只是单纯地愉悦身心，放松自己，减缓压力。第二种是一些企业做出的相关规定。进入公司必须要进行一次拓展训练，磨炼公司内部职员的意志，加强工作人员的独立能力和团队协作能力，提高创新能力，可以为公司创造更高的效益。第三种则是将拓展训练加入高校之中的军训及体育课程之中，使学生有一个良好的人格精神、良好的品格，为之后的就业打下良好的基础。

二、基于拓展训练理念下的高校体育教学模式改革的优势

1. 学生全面发展

新的体育教学理念要求学生要德、智、体、美、劳全面发展。拓展训练理念下的高校体育教学模式的改革会给学生提供更全面的锻炼，课堂中的主人就是学生，而教师则起到指导和引领的作用。

2. 有利于学生合理地释放

高校升学压力大，学生夜以继日地学习，他们在心里积压了很多的情绪，而且正处青春期的他们也不会和家长聊心事，如果教师采用了拓展训练理念下的高校体育教学模式，学生在这个课堂上就可以释放自己的情绪，通过活动、玩游戏流露自己的心声和情绪，教师也可以及时将学生情绪的变动反映给家长。

3. 激发学生的兴趣

兴趣是最好的老师，如果能够激发学生的兴趣，自然就会激发学生的潜能。无论做什么事情，如果我们的兴趣浓厚，就会付出更多的精力，做事的效率也会大大提高。

4. 为学生考虑

在现在全民运动的背景下，教师是不是真正地从学生的角度出发考虑过问题？学生是最终受益者，而教师也是受益者。传统的教学模式下教师的想法多数都只是在为自己的升学率考虑，但是拓展理念下的体育教学则不同，强调为学生谋求最大的利益。

三、基于拓展训练理念下的高校体育教育模式改革措施

1. 积极地对教育模式进行改进

改革的方法有很多，如可以与国外的学校进行合作教学，每年派几名教师出国学习新的教育理念及教育形式。与此同时，也可以安排交换生互相学习，可以让两国的文化

进行充分的交流，这样不仅可以让我国的师生吸取到先进的教学理念，还可以使我们国家的文化广为传播，吸引外国友人来我国进行考察甚至是投资，发展我国教育的同时，也提高了我国的经济效益。也可以根据学生的专业方向对拓展训练进行分配，使学生在完成拓展训练的同时，对自己所学的专业和之后要从事的工作有初步的了解。

2. 增加教学设施，使教学资源专业化

有些高校因为教学设施不齐全，对于体育教育的种类和项目不太关注，体育项目又较少，学生上课时的学习兴趣也不高，更加不会领悟到体育精神，也不会有终身体育的想法。这就需要高校增加体育教学设施，调动学生的学习兴趣。另外，要带领同学们多多接近大自然和周边的环境，培养和锻炼学生之间的团队协作能力，让学生积极主动地去做好自己的每一件事情，完成自己的每一项任务，提前培养上岗就业的精神品格。同时，也可以组织学生参加志愿者活动，多多接触社会，了解社会，为之后融入社会打下一个良好的基础。多安排一些户外的活动，让学生对于实践项目更加了解，更有兴趣。

3. 使体育教师认识到教育职责所在，规范完成教学

每个体育教师一定要对自己所教授的课程具有全面广泛的了解，对于体育精神、体育竞技都有一定的认识。体育教师对学生更要有耐心和责任心，对于不一样的学生要有不一样的教学方法，对于不一样的运动也要有自己不一样的认识。同时，教师也要对学校所有的教学设施和教学环境进行充分利用，使学生上课时能够有活力、有兴趣，同时更要加强与学生的沟通能力，拉近和学生之间的距离。这样一来，完成教学任务的同时，也会交到不少志同道合的朋友，使教学任务的完成时间大大缩短，营造出一个良好的教学氛围，使上课不再枯燥，教师对于自己的工作也多了一份热爱。

4. 以知识建构主义理论为引导，实现教学目标丰富化

树立知识建构主义理念，以此为引导积极实现高校体育教学目标的丰富化。简单来讲，高校体育模式改革中的拓展训练，在乎的不仅仅是工作技能的日常培训，还有个人认知、态度、情感、意志和社会协作能力的培养，这是教学内容的不断延展。具体来讲，其效能主要体现在以下几个方面：其一，拓展训练培养的目标更加广泛，并且有很强的针对性，可以针对不同的学生进行不同的设定，以达到学生独特素质和能力的培养。其二，拓展训练能够使教学目标和教学模式达到高度的统一，教学模式多样化，势必会以多样化的教学目标为依据，由此彻底改变传统知识传授的教学格局。

5. 优化当前的体育教学组织程序，实现教学程序科学化

其一，在班级授课制度的基础上，注意个别差异，强化个别指导，倡导因材施教，以充分调动学生的学习积极性。除此之外，还可以尝试小班化教育、分层教学和无班级授课制。其二，积极转变教学策略，以体验式教学理论为引导，积极将非指导性的教学方法、情境教学法、讨论法和练习法运用其中，营造出健康的师生教学氛围，以保证各项教学工作的切实开展。

6. 重新认识体育教师的地位和作用，实现教学资源的专业化

在将拓展训练运用到高校体育教学模式改革的过程中，还应该积极转变思想观念，尤其是需要重新认识体育教师的地位和作用，使得教学资源朝着专业化的方向发展和进步。具体来讲，需要从以下几个角度强化认识：其一，传统的教学模式忽视了学生的主观能动性，不利于其学习兴趣的激发与培养，难以保证理想的学习效果，应该摒弃。其二，教师在教学过程中扮演的是组织者和引导者，学生是课堂的主人，应该尊重学生的想法，以培养学生创新思维为目标，最大化发挥教师的引导作用。

7. 合理调整体育教学的基本条件，实现教学环境的拓展化

拓展训练在高校体育教学模式改革中的运用，还需要合理调整体育教学的基本条件，实现教学环境的拓展化。具体来讲，主要涉及以下几个方面的内容：其一，向自然环境拓展，开展更多的户外体验式教学，通过参与这样的体育项目，使得实际的教学效果达到最佳状态。其二，充分利用社会环境，使得高校体育项目能够参与到社会性的比赛活动中去，使得教学环境能够在更大的社会背景下开展，以激发学生的体育热情。其三，注重高校体育课外延展，实现高校体育课程在课外层次的扩展，积极营造良好的体育教学氛围。

当代中国需要的不仅仅是教育，更是要提倡进行素质教育。国民素质是一个国家发展水平的一种体现，而当下的大学生是祖国未来的建设者，素质教育更是不可或缺。将拓展训练的精神带入高校的体育教学，有助于人才的培养，有助于社会的进步和发展，对于大学生的素质和品质也会有较大的影响。虽然拓展训练项目还没有完全进入各大高校，但是相信在不久的将来，在我国素质教育和教育改革之中拓展训练会添上浓墨重彩的一笔。

第四章 高校体育教学课程改革理论研究

第一节 体育课程教学理论概述

一、高校体育课程教学的基本理论

（一）高校体育课程教学的理念

1.课程和教学的概念

关于课程的概念众说纷纭，不同的学者按照各自不同的课程价值观念来阐述课程的定义和内涵。在国外，"课程"一词最早出现在英国教育家斯宾塞的《什么知识最有价值》（1859）一文中。课程是从拉丁语"currere"一词派生出来的，意为"跑道"。随着教育科学的深入发展，课程的意义不断得以丰富，人们对课程内涵的界定各持己见，形成了不同学说。关于"教学"一词，早在我国商朝的甲骨文中就已经出现了"教"字，后也出现了"学"字。到20世纪初，人们才对教师的"教"重视起来。中华人民共和国成立后，随着苏联教育家凯洛夫的著作在我国的翻译、介绍，我国教学内涵又发生了新的变化。教和学是同一过程的两个方面，彼此不可分割。

2.高校体育课程教学的理念

体育课程的定位着眼于新世纪人才素质的需求，注重以人为本，强调以学生的学习和发展为教学的中心，以"健康第一"作为教学的指导思想。体育课程教学以学生的学习、发展为本，教学过程中，要求学生进行自主学习，倡导学生主动参与、乐于探究、勤于动手，培养学生体育能力和进行体育锻炼的良好习惯，树立终身体育的运动意识。教师在课程教学过程中的主导作用是引导和帮助学生对体育课程知识、运动方法和动作技术的学习。

体育课程强调学生作为课堂教学的主体地位，重视教师的主导作用，在教学过程中为完成共同的教学任务，实现共同的教学目标进行知识、技能的传授、研究和探索。确立知识与技能、过程与方法以及情感态度与价值观三维度的整合。体育课程的教学要在继承与发扬传统的体育教学成功经验基础上，确保知识与技能、过程与方法以及情感态度与价值观三个维度的整合。

体育课程强调知识与技能、过程与方法以及情感、态度与价值观的整合，打破了学科的本位主义框架，删除了"繁、难、偏、旧"的内容和改变了过于重竞技运动的状况，加强课程内容与学生生活、现代社会和科技发展的联系，把课程回归现实生活。新课程教学注重理论与实践的结合，体育运动与健身方法的结合强调体育锻炼与日常生活的融合，使学生学会学习的方法，培养体育锻炼的习惯，养成终身体育的意识。综合应用多学科理论进行教学，促进学生身体的健康发展。现代科学发展越来越呈现综合化的趋势，无论自然学科还是人文学科，各学科之间往往相互渗透，产生新的边缘学科。

体育课程的教学是促进学生生理健康、心理健康水平及社会适应能力的健康发展，有效地增强学生体质的过程。全面发展学生的身体素质和基本运动能力，形成良好的运动技能，同时注重在体育教学过程中对学生进行思想品德教育。要完成上述的教学任务，必须综合运用体育学科、教育学科、人文学科等多学科的理论与方法，促进学生身体的健康发展，有效地增强学生体质。学生身体的健康发展是指学生身体机能、身体形态、心理素质和社会适应能力的全面发展。实施体育课程教学活动是促进学生身体健康发展，有效地增强学生体质的运动过程。健康发展的内涵是指学生的全面、健康、和谐和可持续发展。

3. 高校体育课程教学的指导思想与任务

健康第一的指导思想不仅给体育课程教学改革注入了新的内涵，而且在提升学校体育价值含量的同时，使学校体育的教学目标更加明确。改变过去传统的体育教学"重竞技"，围绕"达标率""合格率"等功利性倾向，改变教学目标与学生学习脱节的现象，使体育课程教学与21世纪社会政治、经济的发展需求相适应，使体育课程教学与促进学生身心健康发展，有效地增强学生体质的目的和以学生为本的教学理念更加贴切。体育教学的指导思想在体育课程教学过程中通过各种途径对学校体育教学目标、教学任务、教学内容、教学方法、教学的组织形式和体育锻炼过程的体系产生极为重大的影响，是整个体育教育理论的核心。实现教育部颁布的学校体育教学目标、体育课程教学的总任务，要全面锻炼学生的身体，提高学生生理健康、心理健康水平，有效地增强学生的体质。培养学生体育能力，运用科学的健身方法，养成良好的体育锻炼习惯，为终身体育奠定良好的基础。

（二）高校体育课程的教学过程与内容

1. 体育课程的教学方法

体育课程的教学方法是教师和学生为了实现共同的教学目标，完成共同的教学任务，在教学过程中运用的方式与手段的总称。体育课程教学理论与方法的探索、研究与发展，自始至终都遵循教育学、心理学、运动人体科学的原理，遵循教学理论与教学实践相结合的事物发展规律，遵循人体运动知识和技术技能的形成规律。体育教学方法主要研究学校体育教学的基本规律，新课题是促进学生身体的健康发展和有效地增强体质、掌握体育知识与运动的规律。从宏观的角度上分析体育教学方法时，我们认为体育教学方法是体育课程教学活动过程中教师和学生为完成共同的体育教学任务，实现共同的体育教学目标过程的总称。从微观的角度上分析体育教学方法时，体育教学方法是由各种不同层次、具体性的教学方略、教学技术、教学手段和教学形式等所组成的一个系统性结构，包含多层面的教学技术。

2. 体育课程的教学过程

体育课程理念下的教学观强调：教学过程是师生积极参与、交往互动的过程。教学是教师的教与学生的学的统一，这种统一的实质是交往。在体育课教学过程中，强调教师的教以及学生的学所构成的一个有机组合的整体教学结构系统。教师根据学校体育的教学目的、教学目标、教学任务、教学内容与教学要求，通过体育课程教学与课外体育锻炼活动等不同的组织形式，将具体的体育基础知识、健身方法、运动技术和练习手段有目的、有计划、有组织、系统性地传授给学生。逐步培养学生掌握、应用体育基础知识、健身方法、运动技术和练习手段进行运动健身的能力，以及对学生进行思想、道德和品质的教育。体育课教学过程的本质是使学生学习、掌握和应用体育知识、健身方法和运动技术，培养学生良好的运动技能、体育锻炼习惯和体验运动乐趣。体育课程教学过程是素质教育的重要途径，体育课程教学具有促进学生身体形态、生理机能的功能，明显地体现在骨骼、肌肉和心血管系统、呼吸系统等形态、机能的发展方面。

3. 高校体育课程的教学内容

体育教学内容是根据体育课程教学目标、指导思想、教学任务、学生的学习需要与教师的职业技能，遵循体育教学规律和教学原则来选择教学素材，并且对其进行体育教材化的加工和创造，构成科学的、合理的、适合于社会需求和学生发展的体育课程教学内容结构体系。体育课程教学内容是体育教学实践活动的载体，包括体育教育的基本理论知识、体育健身的方法、运动技术、思想品质教育等体育教学要素和丰富的文化内涵。

教师通过教学内容的"教"和学生对教学内容的"学"的过程，使学生学习、掌握体育教育的基本理论知识、体育健身的方法、运动技术，提高身体的运动能力水平和形成良好的运动技能。从体育教育活动实施过程及其对人的发展角度进行分析，体育课程教学内容从本质上起到了体育教学实践活动的载体作用。

体育教学素材有两个明显的特征：一是素材来源广泛，内容丰富；二是教学素材之间不具有严密的逻辑性，教材系统结构中每项教学素材内容都具有各自的功能性，由多项教材内容具有的功能性总和构成了能够达成多元教学目标的可能。体育教学内容与竞技运动的区别表现在以下两个方面：

（1）体育教学内容是根据体育课程教学目标、指导思想、教学任务、学生的学习需要与教师的职业技能，遵循体育教学规律和教学原则所选取的教学素材，是以学生身体健康发展和增强体质为教学目的。而竞技运动内容则是以参加竞技比赛、夺取金牌为目的，以运动员掌握和运用运动技术，提高运动竞技能力与水平为运动训练任务，明显存在不同的任务和目的。

（2）体育教学内容必须根据学生学习的需要进行体育课程教材化的改造、组织和加工，而竞技运动内容则是由统一的竞赛规程、规则制定，在通常情况下不允许进行改造。体育教学内容与其他教育内容一样是随着社会发展需求而处于不断变化和发展的过程之中。现代的体育教学内容的基本结构体系是随着学校体育和近年来体育运动的发展而逐步形成、改进与完善的。

4.高校体育课程的教学评价

体育课程教学改革的一个重要内容就是以评价促发展，因此评价学生的学习要能够体现学生学习的不同层次水平。教学评价是研究课程教学过程中教师的教和学生的学的过程和结果。体育课程教学评价一般包括对教学过程中教师、学生、教学内容、教学方法手段、教学环境和教学管理等诸多因素的评价，但主要是对学生学习过程与结果的评价和教师教学工作过程的评价。评价中依据一定的客观标准，通过各种测量和相关资料的收集，对教学活动及其效果进行客观衡量和科学判定。

体育课程教学的评价是依据《新课程标准》所进行的课堂教学研究活动。在教学评价活动中强调体育课程教学应以促进学生身心健康发展为根本目的，贯彻"健康第一"的指导思想，要求在全面锻炼身体的基础上，促进学生生理机能、心理素质及社会适应能力等方面的健康发展，为终身进行体育锻炼打下良好的基础。体育课程教学的评价通过了解与评估教学各方面的情况，从而判断教学的过程、质量和水平，包括课程教学的成效和缺陷。体育课程教学的评价对教师的教和学生的学都具有极为重要的激励和导向作用。通过评价反映出学生对学习的态度、动机、兴趣、方法及其结果能够激励教师的教和学生的学习过程，使师生了解与掌握自己所进行的教学状态及其发展变化情况，提高教学活动的效率从而获得最佳的结果。

二、高校体育课程与课程教学模式改革

课程是为实现学校教育目标而选择的教育内容的总和，包括学校所设置的各门学科和有目的、有计划、有组织的课外活动。在我国，体育课程是全面贯彻党的教育方针、进行素质教育的重要组成部分，属于基础学科、国家课程，并被列为高校一、二年级的

必修课。它是以身体锻炼为主要特征、理论与实践密切结合、促进身心全面发展的教学课程。

（一）高校体育课程概述

高校体育课程是整个高等教育的基础课程之一，是达成高等教育目的和实现人才培养目标的主要组成部分。高校体育课程是指依据高等教育目标制定的高校学生在校期间各种体育活动的总体规划及其教育活动，是为实现高校体育目标而规定的体育内容及其结构、程度和进度，包括课程指导思想、课程目标、课程设置（课程号、课程名称、课程模式、学时计划、考试形式等）、课程内容、课程结构等方面。它是以发展大学生体能、促进大学生身心健康和获得终身体育能力为主要目的的一种特殊的教育性课程，它与其他课程相配合，以共同实现大学生身体素质、心理素质、思想道德素质、科学文化素质、专业素质和业务素质等方面的发展。随着社会的发展和教育改革的深化，以及国家培养人才的要求和学生自身发展的需要，体育课程的功能不断得到拓展和延伸。它所涉及的不仅是体育科目的内容及其活动领域，还包含着以潜在内容为活教材的整个高校体育活动。

中华人民共和国教育部在《全国普通高等学校体育课程教学指导纲要》中明确提出："为实现体育课程目标，应使课堂教学与课外、校外的体育活动有机结合，学校与社会紧密联系。要把有目的、有计划、有组织的课外体育锻炼、校外（社会、野外）活动、运动训练等纳入体育课程，形成课内外、校内外有机联系的课程结构。"因此，高校体育课程不等同于体育教学或教学大纲。体育课程和体育教学过程是有区别的。

体育教学过程是一个以传授和学习体育知识技能为主的过程；体育课程则不仅限于知识技能的传授，还包括身体锻炼。为全面推进素质教育，充分体现"健康第一""以人为本"的现代体育教育理念和终身体育等指导思想，培养身心健康且具有创新精神和创新能力的高素质复合型人才，从客观上要求对高校体育课程体系进行全面深化改革，才能构建适应新世纪社会发展的高校体育课程体系，将高校体育教学内容、课程体系和教学方法的改革不断引向深入，实现从单纯的体质教育、体育技能教育向综合素质教育转变，从以传授体育知识技术为重向知识、能力、素质并重转变，注重学生创新精神、创造能力的培养，注重学生个性的发展，因材施教，实现体育课程校内外、课内外一体化的体育大课程教育观。教育思想、观念的改革是长期的、贯穿教育活动和教学改革的整个过程，在转变思想观念和进行高校体育教育改革与实践的过程中，全国高校在体育课程改革中经历了多个发展阶段并初步形成了各具特色的体育课程教学模式。

（二）改变高校体育课程教学结构模式

为进一步深化高校体育课程体系和课程内容的改革，培养面向未来的优秀人才，高校体育教学作为实施高校体育课程目标的主要途径,它已成为我国高校深化体育课程改革的核心。国家规定普通高校一、二年级必须开设体育课,三年级以上可开设体育选修课。全国有统一的教学指导纲要,各省根据教学指导纲要制定适合于本地区内高校的体育课程指导纲要实施意见。

20世纪80年代中期以前,高校体育课程教学模式主要沿袭苏联的规格型模式,各学校有统一的教学计划、大纲和教学评估要求,甚至有规范的课时"教学日历",严格规定了教材内容、前后顺序安排、运动时间分配和运动量控制方法。课程结构普遍采用"三段式"结构模式,即准备部分、基本部分和结束部分。强调统一和规范,注重教学计划和教学内容的完整性和连续性;强调教师的主体地位。教学安排主要依据人体功能活动变化规律和运动技能学习规律来具体实施体育教学工作。

20世纪80年代以后,高等教育体制进行了一系列改革,逐步建立了"健康第一""以学生为主体"的现代教育理念和科学的教育发展观,国家体育课程教学指导纲要更注重指导性和引导性,强调体育教学基本目标和发展目标。高校体育课程也进行了全方位的深化改革,呈现出多样化的发展格局:体育课程设置由普通体育课改革为体育选项课,进而发展为教学俱乐部制;教学双边关系由"教师主体、学生主导"向"以学生为中心""学生是学习的主体,教师起主导作用"的方向发展;由注重遵循教育规律和学生生理发展规律,逐渐向注重生理、心理和社会的三维体育教育观转变。

三、推进高校体育课程教学模式的演进与课程设置模式

受不同时期教育思想变迁的影响,我国高校体育课程教学模式也经历了不同的发展阶段,形成了不同时期占主导地位的教学模式和课程设置模式。

(一)高校体育课程教学模式的演进

从强调增强体质为中心的"传习式"教学模式阶段,发展到强调以学生的体育知识、技术和技能的学习为中心,培养学生体育兴趣爱好和良好的体育锻炼习惯,从而获得终身体育锻炼能力的"教养式"教学模式阶段。随着以人为本、健康第一的现代体育教育理念的形成和科学发展观的树立,现代体育课程教学逐渐改革成为以学生为中心、以教师为主导的培育式教学模式阶段。

1. "传习式"体育教学模式

"传习式"体育教学模式是指在体育教学活动中,根据人体生理发展的需要和动作技能形成的发展规律,通过教师传授和学生接受的方式而形成的教学活动形式或教学现象。该模式突出了体育教学的健身性、教学性等主要功能,强调学生学习体育的教学目的。在教与学的过程中,教师占主体地位,学生处于被动学习的状态,对学生的教育效

果主要体现在生理和学习知识的变化上，忽视了学生主体的学习兴趣和本体的心理性反应，不利于学生学习能力的培养。

2."教养式"体育教学模式

"教养式"体育教学模式是指在体育教学活动中，根据人体生理、心理发展的需要，通过教师传授和学生主体能动性反应而形成的教学活动形式或教学现象。该模式突出了体育教学健身性的主要功能和教育功能，强调学生学习体育和学会体育的教学目的。在教与学的过程中，教师和学生处于双边的能动关系，对学生的教育效果不仅体现在生理的变化上，还体现在心理活动方面。与"传习式"教学模式相比，该模式注重学生学习时的心理需要，注重学生主体性学习能力和锻炼能力的培养。"培育式"体育教学模式是指在体育教学活动中，根据人体生理、心理和社会发展的需要，通过教师和学生互动的方式而形成的教学活动形式或教学现象。在发挥体育教学的健身性、教育性功能的基础上，该模式强调发挥体育教学的社会功能，强调学生不仅要学习体育、学会体育，还要领会体育的教学目标。构建以学生为中心、以教师为主导的新型师生教学关系，对学生的教育效果不仅体现在生理、心理上，也体现在综合体育素质和社会适应性能力方面。与"教养式"教学模式相比，该模式注重学生社会尊重的需要，注重综合体育素质和社会适应性能力的培养。

（二）高校体育课程设置体系

高校体育课程是国家规定的基础性课程，按照《普通高校体育课程教学指导纲要》的精神，在大学一、二年级为必修课程，三、四年级根据条件可开设选修课。各高校根据自身的特点和要求，逐步建立和健全富有学校自身特色的体育课程设置体系。从我国高校公共体育课程设置情况来看，以选项课为主要模式的高校体育课程设置体系已经形成。

（三）高校体育课程设置模式

在贯彻现代体育教育思想，进行高校体育课程教学改革与实践的过程中，国内各高校不同程度地进行了体育课程设置模式的改革，这些模式经过一定时期的发展、沉淀和归类，基本可总结为以下五种典型模式。

1."选项课"+"校定特色体育必通课"模式

以清华大学为代表的部分高校建立了以一、二年级体育选项课教学为主体，并设以校定特色体育课程，要求每个学生必须通过校定必通课基本考核标准的课程设置模式。例如，清华大学要求男生人人能游200米，女生人人会编一套健美操；浙江工业大学要求人人通过"十二分钟跑"测试标准，重视体育课程"课内外一体化"建设，实施课余普通运动队和高水平运动队训练"两条腿走路"的工作路径。这一模式的采用要求体育师资力量配备充足，学校政策、财力的大力支持和教师工作待遇有较好保证等条件，能达到学生体育基本素质普遍较高、锻炼意识增强的目的。

2."完全教学俱乐部"模式

以深圳大学为代表的部分高校建立了根据学生体育兴趣爱好，实行学生完全自由选体育项目、选时间、选教师的体育教学俱乐部模式，并将教学俱乐部延伸到课外体育俱乐部，教学模式采取指导制形式。这一模式的采用一般要求体育教学的场馆设备、条件优良，并具有较强的吸引力，有完全学分制的教育制度管理，学生体育基本素质好，锻炼积极性高，有较强的自我锻炼和体育学习习惯与能力，教学时间充分保证，师资专业结构能充分满足学生学习的需要。

3."教学俱乐部"+"选修课"模式

以浙江大学为代表的部分高校建立了完全网上自由选课、选时间、选教师的体育教学俱乐部模式，教学方式仍以班级授课制进行，教学管理采取学期必修课或选修形式。教学俱乐部是介于体育选项课模式与完全教学俱乐部制之间的中间模式，这一模式的采用一般要求有一定的体育师资和项目储备，学生的可选择性要强，有专门的体育教学选课服务系统支持，对体育教学硬件设施的要求没有完全教学俱乐部模式高，学生在课程的可选择性方面易受授课时间、师资、课程设置模块的限制。

4."基础课"+"选项课"模式

以浙江中医药大学为代表的部分高校建立了一年级（或第一学期）基础课、二年级（或第二、三、四学期）选项课的教学模式。基础课一般按照行政班级授课，选项课采取网上选课或根据报名情况编制体育班的方式进行。这一模式更多地强调提高身体素质的重要性，有利于一些传统体育项目和校定特色体育的教学和考核，也便于教学的组织管理工作。

5."选项课"+"教学俱乐部"模式

部分高校，尤其是高职类院校建立了以一年级体育选项课、二年级按照所学专业的"准职业岗位"特殊体育素质和能力需求，开设含职业实用性体育教学内容的俱乐部教学模式。这是一种以就业为导向，发挥体育教育实用性功能，以培养"准职业"人员岗位特殊体育素质和体育活动能力的新型模式。

第二节　体育教学内容结构体系的构建与改革

一、高校体育教学内容体系的构建

体育教学内容是体育教学大纲规定的学习范围。我国体育教学内容包括理论和实践两部分。教材是一个知识技能体系，是联系教师和学生的中介，是学生主要的知识来源，也是学生身心发展的基础。从小学、中学到大学，教学内容均以体操、田径、篮球、排球、足球、武术、舞蹈、游泳和滑冰等运动项目为主体，尤其是田径和体操比重最大，这就是我们实践教材选择的基本范围。但事实却是这样的局面：到了大学，许多基本的运动技术没学好，身心发展目标的达成也受到影响；既不能满足社会主体的需要，也不能满足学生主体的需要。当然这些问题的存在不是说运动项目不能作为体育教学内容，任何时候这些竞技项目都是我们体育教学中的重要内容。关键是整个教学内容体系应该有一个合理的结构，这个结构要贴近社会和生活，符合学生的身心发展特点。因此，研究教学内容结构体系建立的理论，探讨体育教材选择的依据，对提高体育教学效果是十分有用的。

（一）体育教学内容的结构特征

体育教学内容的结构是指体育教学中特定的内容之间的分工配合。它必须既能满足社会的需要，又能满足作为教学主体的学生的需要。换句话说，对能满足自己需要的教学内容学生才会产生兴趣。因此，教学内容的优化组合是体育教学内容结构中的关键，而社会需要是社会对教育目标的要求。社会需要和学生主体需要具有统一性，但它们在满足的层次上和时间顺序上是不一致的，我们必须把握好体育教学内容结构的基本特征。

1. 体育教学内容结构的目的性

体育教学内容结构具有明显的主观目的性。当客观的需要和主观目的相一致时，所建立的体育教学内容结构才是合理的。首先，在不同的学习阶段，学生对体育教学内容的需要是不一致的。其次，体育教学的内容结构要有利于学生形成合理的认识结构、技术技能结构、能力结构和体育方法结构。例如，在小学阶段，由于体育教学的目标主要是激发学生对体育的兴趣，发展他们的基本活动能力，培养自尊心和自信心，进行团队精神的熏陶。让他们在学习过程中感受体育的乐趣，在集体练习中培养协作精神，在完成练习中树立自信。进入中学以后，体育教学目标提高了，侧重点有所改变，这时的教学内容结构就需要相应地进行调整。

2.体育教学内容结构的联系性

体育知识和运动技能的种类是极其丰富的，任何体育教学内容都只能包含其中的一部分。通过这些内容的教学，可以有效地扩大知识范围，打下良好的体育运动技术技能基础并建立良好的能力结构，为学生进一步的发展创造条件。体育教学内容结构的联系性表现在以下几个方面：

（1）具有横向特点的广泛性。身心的发展要求是全方位的，既包括保健、营养、卫生、锻炼原理和竞赛规则等基本知识，又包括促进身体发展的各种运动技术技能和练习方法。

（2）具有纵向特点的复合性。体育教学内容要随着学习的进行逐步深化，这是教学的基本规律。但是，体育教学目标是多元化的，它的实现依赖于多种教学内容的综合效应。

复合性和广泛性的结合可以提高体育教学内容结构的全面性和协同性，教学内容的广博性和教学内容之间的联系性对学生的创造性发展也是非常有利的。

3.体育教学内容结构的相容性

体育教学内容结构的相容性表现在体育教学内容结构内部相互渗透、彼此贯通。作为一个知识结构，体育教学内容结构应该是纵向联系、横向相关的，这种结构内部互相关联的特性必然要求不同的内容之间彼此相容。体育教学内容结构的相容性使教学内容的选择具有更强的灵活性，体育知识技能具有更强的综合性。

4.体育教学内容结构的动态性

体育教学内容结构要跟上体育科学的发展步伐，符合社会发展的需要，就必须具有动态性。这些新的知识必然要及时在体育内容结构中反映出来。社会对人才素质的要求是不断变化的，如现代社会的快节奏、高竞争性特点对人才的竞争力、创造力和心理素质有了更高的要求。因此，体育结构内容总是处在一个动态的变化之中。

5.体育教学内容结构的实践性

体育教学内容以实践为主，这是体育的本质属性所决定的。活动性内容应以在实践过程中对身心健康水平的良性影响为依据，换句话说，就是要考虑它对体育教学目标的贡献，使之既能产生教学内容改革具有的优势，又能形成多种内容结合而成的结构优势。

（二）体育教学内容选择的原则

体育教学内容非常丰富，而真正作为教学内容的，仅仅是其中的一部分。我们应该遵循以下几点原则：

1.实践性和知识性相结合的原则

实践性和知识性相结合是由体育的本质属性决定的。通过实践，要使身体的大肌肉群得到活动，各内脏器官系统得到锻炼，同时体验到体育的乐趣，这些都是以体育教学内容作为媒介来实现的。知识性主要体现在为什么做、为什么这样做和怎么做，这固然要通过基础理论内容来讲授，但更多的是在实践中体验和理解，通过运用来强化。体育教学内容发挥的作用就是将实践与知识连接起来。

2.健身性和文化性相结合的原则

健身性是体育教学区别于其他教学的显著特点。文化是人类认识世界、改造世界和适应环境的产物。健身性和文化性相结合，使体育教学内容既具有良好的健身价值，又具有丰富的体育文化内涵。

3.民族性和世界性相结合

体育的形式和内容总是与一些国家或地区的传统民族文化和民族习俗有关的。例如，我国的武术、日本的柔道、希腊的马拉松和欧洲的击剑等，无不具有鲜明的民族色彩。体育教学内容仅强调民族性是不够的，任何民族，无论多么优秀，在发展过程中总会受到来自方方面面、形形色色因素的约束，总会具有一定的片面性。因此，体育教学内容必须体现出民族性和世界性相结合，既要保留优秀的民族体育内容，又要充分汲取来自世界各民族的优秀体育内容，将它们融合在一起，使之形成一个优势互补且功能齐全的体育教学内容体系。

4.继承性和发展性相结合

继承优秀的传统文化是教学的重要功能。体育教学内容的选择无疑是要吸收我国历史悠久的传统体育内容，这就是体育教学内容的继承性特点。文化的继承是有选择的、批判性的，对于传统体育内容，我们在有选择继承的基础上进一步丰富其内涵，在保留其原有特点和精华的前提下剔除那些不健康的东西，使其更具有时代气息，这就是体育的发展性特点。

5.统一性和灵活性相结合

体育教学内容要面向全体学生，它必须有基本的要求，有一个相对统一的标准，使体育教学有一个较为规范的目标。我国地域辽阔，各个地区的条件不一致、发展不平衡，教学基础不在同一起点。即使处于同一个教学阶段的学生也会表现出明显的不同特点，因此教学内容必须根据教学条件和学生特点，兼顾统一性和灵活性，才能有利于促进学生身心的全面发展。

二、教学内容的特性和发展与变革

（一）体育教学内容的特性

1.体育教学内容与一般教育内容的共性

体育教学内容首先具有与一般教育内容共有的特点，这些特点如下：①教育性。体育教学内容的教育性体现在对学生的身心发展有好处，摒弃了落后的东西，既有冒险性又比较安全，适合大多数学生，避免过于功利性这五方面。②科学性。由于体育教学内容是在学校进行的有目的有计划的系统的教学内容，因此需具有很强的科学性。体育教学内容的科学性主要体现在具有丰富的内涵，是人类文化和科学的结晶；科学和文化含量高；内容的编制和教学遵循有关教学规律。③系统性。体育教学内容的系统性表现在体育教学内容本身的系统性，以及根据教育的目标、不同年龄阶段学生的生长发育特点、教学环境和教学条件，认识体育教学内容的内在规律性特点，有逻辑地安排各个学校、各个年级的教学内容，并处理好它们之间的相互关系。

2. 体育教学内容的特性

体育教学内容除了在上述三点与其他教育内容具有共性外，还具有它的特性。体育教学内容的特性如下：

（1）运动实践性。运动实践性是体育教学内容中最突出的一个特点。体育教学内容与体育实践活动密切相连，受教育者本人必须在从事以大肌肉群运动为特点的运动时才可能真正学好这些内容。当然体育教学内容中也有知识和道德培养的内容，但是体育内容中的知识学习和道德培养也必须通过运动学习和实践理解，这一点与其他学科的教育内容形成鲜明的对比。

（2）娱乐性。体育教学内容来自各种身体活动，而这些身体活动的绝大部分又来自人的娱乐性运动，所以体育教学内容自然内含着运动的乐趣性和娱乐性。体育教学的效果也受到体育教学内容娱乐性的影响，这也是体育教学内容与其他文化课内容的重要区别。

（3）健身性。由于体育教学内容中的很大一部分是以大肌肉群的运动为形式的技能学习与练习，体育教学内容的学习就必然会对身体形成一定的运动负荷，参加体育教学内容的学习和练习时，都会对身体产生锻炼的作用。针对这样的情况，在教学实践中有很多追求体育教学内容健身性的努力，如在编制体育教学内容时根据受教育者不同的身心特点将这些健身作用进行科学化的设计和控制、在教学过程中对运动负荷大小进行合理安排等，可以说，体育教学内容的健身性特点是其他教育内容所不具备的。

（4）人际交流的开放性。由于体育教学内容多是以集体活动的形式来进行运动的学习和竞赛，而运动是以位置的变化方式来进行的，因此体育教学内容与其他教育内容相比具有更明显的人际交流的开放性。体育教学内容以这种人际交流的开放性为基础，使体育教育内容的学习过程中的师生、生生之间的关系更加密切与开放。体育学习中的各种角色变化远远多于其他学科的学习。

（5）空间的约定性。体育教学内容还有一个"空间约定性"的特点。这是因为有很多运动是在固定的场地上进行的，甚至是以场地来命名的。由于体育教学内容的空间制约性，体育教学内容对场地器材具有很大的依赖性，场地、器材、规则本身也成为体育教学内容的重要组成部分。

（二）体育教学内容的发展与变革

1.体育教学内容的变迁与改革的课题

我们从百年以来的几个历史阶段来看体育教学内容的变迁，可以看出体育教学内容有以下的变化趋势：首先，随着现代竞技体育运动的兴起和普及，正规的竞技体育运动正逐渐代替非正规的体育教学内容。其次，体育教学内容的数量在减少，但难度有所增加；再次，体育教学内容中的娱乐因素逐渐减少。最后，体育教学内容所需要的运动器材越来越正规化。由于上述这些变化，体育教学内容出现了单调、锻炼性强、要求教学方式规范化和场地器材条件高的趋势。由此而形成体育教学内容改革与发展的课题如下。

（1）改变体育教学内容趋于平常的锻炼和达标相统一的趋势。

（2）解决体育教学内容与学生社会体育活动之间的差距。

（3）要解决学生因体育教学内容缺乏娱乐因素而不喜欢体育课的问题。

（4）要解决与体育教学内容难度有关联的问题。

（5）要解决乡土教学内容的开发不足和体育教学内容民族化的问题。

2.学生对体育教学内容改革的呼唤

现在，许多学生对体育教学内容有所不满。学生对体育教学内容的意见，概括起来有以下几点：

（1）总体上感觉体育教学内容枯燥。

（2）对生理感受很痛苦的某些教学内容有强烈的惧怕和反感。

（3）对一些还不能理解教学内容意义、教学形式上又比较枯燥的内容比较反感。

（4）学生对体育教学内容被达标项目所替代的现象很反感。

（5）透过教学内容的单调和普通学生形成对体育教师的不良印象。

（6）学生对某些运动希望有一个较长时间的学习过程。

3.体育教学内容改革的方向

从上面的分析可以看出：现在体育教学内容的改革是体育教学改革的一个最重要的方面，也是当务之急。教学改革应如何进行，朝着哪个方向进行，可以从对过去教学内容的缺陷和新的体育教学理念上来寻求答案。过去的体育教学内容存在以下五个方面的缺陷和不足：

（1）教学内容的设计反映以学生为主体的内容不够。

（2）过去确定体育教学内容时，只考虑到体育教学内容体系的完整性，对开放性和现代性重视不够。学生喜欢的内容由于受到各种条条框框的限制，难以选进教学内容中。

（3）确定教学内容的时候，没有处理好统一性和灵活性的问题。

（4）体育教学内容偏多。

（5）体育教学内容规定得过于刻板。体育教学内容没有很好地体现体育教学目标。

有学者认为今后体育教学内容的改进有以下几个方面：第一，以学生为本。第二，教学内容弹性更大。第三，明显淡化竞技技术体系。第四，教学内容更加概括，给教师和学生留出广阔的空间。第五，基本体操删去了大部分体育教学中不常使用的队形和队形变化的内容。第六，增加女生喜爱的韵律体操和舞蹈内容。在过去的体育教学中，体育锻炼的手段和方法限制得比较死板，我们选择了一些锻炼手段，让所有的学生都围绕规定的手段进行锻炼。现在的内容设置更多地考虑以学生为主体，进行了弹性的设计。当然，由于场地设施、师资等条件的限制，目前还不可能做到满足每一个学生的需要。"放开"是可供选择，给一个"菜单"进行选择，但菜单再大，也有一个基本范围。关于预测未来的体育教学内容改革：体育教学内容会更加多样，学生和教师选择体育教学内容的权限更宽，教学内容总体丰富多彩。体育教学内容改革和《学生体质健康标准》的共同进步使体育教学内容摆脱"达标课"的困扰，体育教学内容将真正成为学生喜欢的，并达到身体锻炼目的的真正有用的东西。

4. 体育课程与教材的选用

课程问题是任何一种学校教育的核心问题。这是因为课程集中体现了教育的要求、具体反映了教学内容，也是教育质量评估、教学水平评价的重要依据之一。仅从一个角度去评价体育课程，选择体育教材显然是不可取的。我们还应该看到，教材有一个合理的排列组合问题，即纵向组织原则和横向组织原则。教材的选择具有多样性。这种多样性不仅来自学生身心需要的多样性，也来自身体练习的多样性，那种"唯一"或"最好"是不存在的。而且体育对健康教育内容的科学性、灵活性和多样性，给了体育教师在选用教材时更多的自主权。教材要具有多样化和开放性，要突出重点，不求面面俱到。处理好各水平阶段的纵向衔接与其他学科的横向联系，避免重复，同时注意在继承优秀传统体育文化的基础上吸取现代体育文化。体育与健康教材应突出健身性，健身性是体育的本质属性。

体育教材的选择要突出健身性，表现在以下几个方面：

（1）要考虑教材的健身价值。不同的教材，练习的效果往往是不一样的，同样的教材对不同的对象在效果上也会不同。在实际运用中，某一教材对高中生锻炼效果较好，但对小学生效果不一定好。因此，教材的选用要根据特定对象进行。

（2）要考虑教材对心理的影响。选用的教材要有利于培养学生顽强的意志、健康的个性和积极向上的心理品质。

（3）要考虑教材的优化功能。在一般情况下，只要合理运用，体育教材都有健身的作用。运用时要争取优先选出最具健身效果的教材。有两层含义：其一，要注意教材本身的健康价值。其二，要注意教材搭配所产生的最佳效果。体育与健康教材要注意文化性。体育是人类所特有的一种社会活动，它具有继承性、民族性、时代性和世界性等文化特征。注意教材的文化性也就是要考虑体育教材的文化特征，既要注意对优秀传统教材的继承，使教材体系更具有时代气息、更加完整，又要使学生能形成正确的体育价值观念、良好的体育道德和符合时代要求的体育行为规范，实现身心的健康发展。体育与健康教材要增强娱乐性。

体育教学的主要目标是树立终身体育意识和形成终身体育能力。第一，体育教材的娱乐性是引起学生体育兴趣的重要因素。第二，体育教材的娱乐性有利于学生体验到体育运动的乐趣，领略到体育魅力。第三，通过参加具有娱乐性的体育运动，能使学生精神愉悦，有利于缓冲学生的紧张情绪，更好地提高学习效果。体育与健康教材要具有典型性。体育教学的内容非常丰富，教材不但类别多，同类教材项目也多。因此，我们选择的体育教材应具有典型性。

典型性表现在以下三个方面：

（1）在能满足达成同一教学目标的各类教材中，选择最具代表性的教材。

（2）在达成同一目标的同类教材中，要选择最具代表性的教材。

（3）选用的教材在同类教材中，在技术结构或身心发展上都具有代表意义。

体育教材是学生学习体育知识、提高健康水平、培养终身体育意识和能力的载体。体育教材的实用性表现在以下几个方面：

（1）体育教材对激发学生的体育兴趣、掌握体育知识、培养体育能力、体育方法的训练和身心发展有积极的促进作用。

（2）选用的教材在教学中要有适当的教学条件做保证，使学生愿意将教材内容作为终身锻炼的手段，为其树立终身体育意识和培养终身体育能力奠定良好的基础。

（3）选用的教材对体育教学目标的实现有较高的价值。体育教材要体现时代性。体育是一种社会活动，它是随着人类社会的发展而发展的。以现代奥运会为标志的竞技体育，每四年都要展示一些新的项目就是其证明的体现。

第三节　体育专业核心课程与特色课程设置

一、专业核心课程

（一）运动生理学

运动生理学是运动人体科学最基础的课程之一，主要内容是在体育活动的影响下，人体生理功能发展变化的规律，体育锻炼及运动训练的基本生理学原理，特别是青少年生理功能与年龄、性别特征及体育锻炼的关系。要求学生掌握体育锻炼与运动训练中人体生理机能变化的特点和规律。

（二）体育保健学

体育保健学的主要内容是人体保健的基本规律和中国传统保健的基本理论和方法，以及人体在运动过程中的保健规律和措施。要求学生掌握常见运动创伤的预防、处理的知识和技能；能够从事符合生理规律的运动，以达到增强体质、增进健康的效果。

（三）学校体育学与体育教法设计

本课程主要讲授体育和体育科学的概念；体育和政治、经济及其他社会现象的关系；体育在我国社会主义现代化建设中的地位、作用和意义；体育的基本手段和管理体制。让学生了解学校体育的地位和目标，体育教学、体育锻炼、课余训练的原理、原则、方法和学校体育研究的内容。

（四）田径

本课程主要讲授短跑、跨栏（障碍跑）、跳高、跳远、标枪、铅球等运功的基本知识、基本技术和基本训练方法。要求学生掌握运用田径运动全面增强体质的锻炼手段、方法，具备组织、指导竞赛和管理等方面的能力。

（五）体操

本课程讲授队列队形、基本体操、技巧、单杠、双杠、支撑跳跃等运动的基本理论知识，训练基本技术，掌握基本技能。通过对体操运动和技能的学习，提高学生的体育教学和训练能力，全面发展学生的身体素质。让学生掌握中等学校体育教师所必备的体操教学和组织小型比赛的能力。

（六）篮球

本课程主要讲授篮球运动的运动规律及其基本理论知识、技能和方法；篮球运动发展的概况、技术、战术、训练和规则，科学研究的方法以及篮球的竞赛和裁判方法。通过学习，使学生具备中学篮球教学和组织课外锻炼、竞赛及场地、器材管理的能力。

二、专业特色课程

（一）裁判训练

运动竞赛的组织与裁判能力是体育专业学生专业能力及水平的重要体现，如何组织竞赛，胜任一名合格的裁判，不管是在学校体育工作中还是在社会体育工作中，都十分重要。结合校内外各项体育赛事，进行理论学习与实践的培训，要求学生至少掌握本人所选的两项专业选修课程项目竞赛规程制定、秩序册编排及裁判工作的方法和能力。

（二）资格证书培训

资格证书培训是应用型人才培养的有效途径，内容包括二级裁判员培训和二级社会指导员培训。其目的是对体育教育专业学生进行素质拓展训练，让学生通过考试获得社会认可的专业资格证书，以适应社会对体育专业人才的要求，拓宽体育教育专业学生的就业渠道。

三、"术科"特色课程与精品课程设置

（一）体育教育专业"术科"解释

高等教育改革的核心目标就是提高人才培养的质量，教学和课程是高等教育的中心，因而教学和课程研究成为教育研究领域的两大主题。教学质量的提高受多种因素的影响，而课程是教学的载体。通过课程来建设创新课程体系、优化课程环境、加强科学管理，推动教学改革，促进教学质量的提高，进而带动整体课程建设，达到提高人才培养质量的目的。体育教育专业在我国体育专业教育各类专业中一直处于重要地位，肩负着培养各级各类体育师资的重任。"术科"课程反映了体育专业教育的特色和优势，通过对体育教育专业"术科"课程建设基本理论的研究，探索"术科"课程建设的一般规律，构建"术科"课程建设的理论框架，为体育教育专业"术科"课程建设提供参考和理论依据具有十分重要的现实意义。

1.体育教育专业"术科"课程概论

研究体育教育专业"术科"课程建设必须先搞清楚"术科"课程的基本问题，包括其产生的历史根源、基本概念、课程特征以及课程结构与类型等问题。

2."术科"概念

从体育专业课程变革的历史及现状来看，"学科"与"术科"问题以及课程综合化问题是当前乃至今后改革的两个基本问题。体育学界对"学科"与"术科"的说法虽然已经被认可且深入人心，但是对这种说法的来源以及对二词产生的出处并无考证。从近现代我国体育课程的起源与发展的轨迹来看，"学科"与"术科"的提法是在建立培养体育专门人才的学校后才提出的概念，其含义与当今体育专业教育领域中的"学科"与"术科"的说法一致，其课程设置与目前体育院校的课程设置内容虽有所不同，但性质相同。"学科"与"术科"这种说法与划分，不管是从早期学校体育课程诞生开始，还是21世纪的今天；不管是政府文件还是人们的认识观念，在我国体育教育领域已经成

为惯例，并得到了认可，且存在一定的合理性和稳固性。"术科"的产生和发展不仅有历史原因，更有其存在的思想基础。纵观我国体育课程的发展和历史背景，军国民思想、竞技体育教育思想和技术教育思想课程观以及各种体育思想的争论是推动"术科"产生、发展的主要思想根源。学科有两义，一指学术的分类，二指教学的科目。学科是以探索的对象或领域划分的。而一个学术领域的确定，首先要有自己独特的研究对象，其次有自己的领域的专门术语、概念的理论体系和研究方法。体育学科具备了这些特征也就是第一层意义上的科学学科领域。

体育教育领域所说"学科"与"术科"就是指体育专业教育中的科目，也就是学科的第二层意思。对于"学科"与"术科"的含义的理解，体育专业教育界习惯称之为"理论类"与"技术类"课程。体育实践及体育科学技术体系的特点决定了体育专业教育的一些特征，其专业课程体系常被分为两类即体育专业教育特征的典型表现。国家学位委员会把人文社会学科和运动人体科学科归为"理论类"，而把体育教育训练学科和民族传统体育学科归为"技能类"。

2003 年国家颁布的《课程方案》规定的任意选修课分为两类，分别称为理论学科选修和技术学科选修。理论学科选修包括的 25 门课程主要是理论课程；技术学科选修包括的 29 门课程主要是运动项目组成的课程。有学者认为体育专业课程从宏观上分为"理论类课程"和"技术类课程"，简称为"学科"与"术科"。还有学者认为学科课程就是以理论为主的课程；术科课程就是以实践课程为主或以技能性为主的课程。

另外，有些学者认为，所谓的技术学科，是指在体育训练中，其区别于各种知识性的科目——学科的各种技术性的科目，学科与术科是共同存在于体育教学训练中的相互对应的教学科目，前者可称为知识学科，也即理论学科，后者可称为技术学科。

而另一些学者认为将"术科"视为非知识性的课程，并以此将其从"学科"中剥离出来对立看待，是不合理的。若确属分类研究之需，将"术科"称为"技术性学科"则相对合适。

通过上述分析可以看出，对"术科"概念的认识没有统一的定论，但从课程的内容和形式上，大都倾向于以理论类课程和实践类课程为划分标准。体育教育专业的课程体系中课程的构成主要由专业理论课程、专业技术课程和实践环节课程。将专业理论课程归为一类，而将专业技术课和实践课归为一类，分别称之为"理论类学科"课程和"技术类学科"课程则比较合理。实质上，两者是狭义上的学科（科目），是体育教育专业课程的两类"课程群"。

本书将"术科"界定为"根据体育院系专业教育培养目标和要求，结合体育学科领域不同运动项目的运动技术、技能和知识组织起来的，以实践性课程为主要特征的课程群"，称为技术学科，简称"术科"。"学科"是"根据体育院系专业教育培养目标和要求，结合相关科学学科理论和体育学科理论与方法组织起来的，以理论性课程为主要特征的课程群"，称为理论学科，简称"学科"。

（二）"术科"课程建设流程

1. 建设形式

依据教育部精品课程建设《通知》精神，国家精品课程建设采用学校先行建设，省、自治区、直辖市择优推荐，教育部组织评审，授予荣誉称号，后补助建设经费的方式来进行。精品课程建设主要有两种方式，一是高校自建，二是校企合建。高校自建是通过高校自身投入建设，在获得校级精品课程的基础上，创建省级精品课程，最后创建国家级精品课程。校企合建是教育部为发展信息技术与企业合作共建精品课程的一种独特建设形式，由教育部牵头，企业提供资金和技术，高校具体负责精品课程建设和实施。目前，体育教育专业"术科"课程建设主要是高校自建，也是目前唯一的建设形式。体育教育专业"术科"课程建设形式单一，应当在高校自建的基础上拓展建设形式。比如，高校之间合作共建精品课程，充分利用双方的优势资源，弥补自身不足，创建精品课程；高校与企业、科研院所合作建设精品课程，充分利用企业资金和科研优势开发、创建精品课程。

2. 建设步骤

系统工程作为系统科学中的应用领域其是一个多阶段的过程。一般认为系统工程包括以下几个环节：问题的提出—系统分析—系统综合—系统优化—系统决策—系统设计—计划实施—运行阶段—更新阶段。依上述系统论的观点，体育教育专业"术科"课程建设就是一个系统工程，同样由不同的环节所组成。在此基础上，通过文献研究，本文提出了"术科"课程建设的步骤。术科课程建设的六个步骤如下：提出问题—课程论证—课程生成—课程实施—课程评价—课程更新。

第一步，提出问题。主要是针对目前开设的"术科"课程提出问题和改革意见，或者面对国家、社会、个人的发展需要提出开发新课程或改良课程要求。第二步，课程论证。针对所提出的问题或建议进行论证和分析，主要是对开发新课程或改良原有课程的可行性和操作性进行论证。第三步，课程生成。这是课程建设的关键环节，不管是开发新课程还是改良旧课程，课程的生成直接影响课程建设的效果。主要包括树立课程创新理念、制定课程目标、编制教学大纲、编写教学文件（进度、教案）、选择或编写教材、选择或组织课程内容等方面。第四步，课程实施。这是将生成的新课程通过在实践中付诸实施并进行检验的过程。主要包括课程实施的教学团队、课程实施的对象（学生）、课程实施的环境与条件以及课程实施中的方法与手段。第五步，课程评价。这是通过定量与定性的方法对新课程建设的情况和效果进行评估和评价，为进一步的改进课程提供依据。主要包括对"术科"课程建设过程的评价以及对"术科"课程建设实施效果的评价。第六步，课程更新。通过前面几个步骤的建设过程，依据评价反馈的信息，对课程进行重新修正和改进，以达到创新和改良的目的。术科课程建设流程说明：

（1）术科课程建设的步骤是一种适合于体育教育专业"术科"课程建设的普遍方法，主要从微观角度针对一门具体术科课程的开发和改革而言。

（2）术科课程建设是一个完整的大系统，术科课程建设流程的各个环节中都离不开课程管理制度做保障，并通过反馈系统进行监督、调整。

（3）术科课程建设流程的核心就是课程生成环节，而课程目标的制定是课程生成的核心。课程生成环节中的其他各内容都围绕课程目标而确定。

（三）"术科"精品课程网络体系建设

精品课程建设的目的之一就是通过建设精品课程网络将优质的课程资源上网，利用信息技术和多媒体技术以及现代化的教育技术，使更多的学校、教师和学生共享优质资源，促进教学质量的提高。经过六年的建设，我国精品课程建设已经形成了国家、地方和学校三级精品课程网络体系。

第一，建立国家精品课程网络体系。教育部建立了高等学校精品课程建设工作网站。网站栏目有新闻动态、政策公告、教指委专栏、地方专栏、学校专栏、校企合作和表格标准。主要发布与高等学校精品课程建设有关的政策、规定、标准、通知等信息，并接受网上的申请，开展网上评审、网上公开精品课程等工作。网站建有国家精品课程评审系统和国家精品课程查询系统，评审系统主要功能是进行精品课程申报、专家评审和课程公示平台。查询系统主要提供不同年代、不同级别、不同分类精品课程的检索、查询和展示。国家精品课程网站的建立为精品课程建设提供良好的管理平台，对促进课程的申报、课程资源的展示以及信息传递也提供了良好的交流平台。

第二，建立省级精品课程网络体系。根据教育部课程建设精神和要求，各省（直辖市）教育行政部门建立了省级精品课程网站。不同省、市网站栏目的设置有所不同，但大体上都包括新闻动态、通知公告、课程展示、课程申报、学术交流、学校专栏等栏目。省级网站主要是负责省级精品课程的申报和省级精品课程资源的展示。主要提供了课程申报的各种信息、政策要求，以及展示省级精品课程和查阅。

第三，建立校级精品课程网络体系。全国普通高校按照教育部精品课程网络建设要求，积极投入人力、物力、财力建设精品课程网站。学校精品课程网站的主要功能是展示具体的精品课程，向上级申报精品课程，以及直接为教师和学生提供网络课程资源，包括精品课程制作系统、申报系统、评审系统、课程展示等。课程网页按照教育部文件规定制作栏目，主要包括课程介绍、师资队伍、教学大纲、教学计划、教学方法、教学课件、教案、试题库、习题集、试卷、教学视频、考核办法、教材、参考资料等方面内容。

（四）我国高校体育教育专业"术科"课程建设对策

1. 明确指导思想，树立先进理念

为适应知识经济时代的挑战和未来社会的变化需求，高校体育教育专业的人才培养有必要从社会进步、学科的发展、行业的需求及学生的知识、素质、能力等方面进行考虑。"术科"课程建设应当转变学科中心思想，树立先进的理念。以适应社会发展为导向，树立"两个坚持、一种理念、一个目的"的指导思想。创建具有体育教育专业特色的"术科"精品课程。体育教育专业"术科"课程建设指导思想：坚持以提高教学质量为中心，加强"术科"课程的改革、创新和整合；坚持以素质教育为根本，强化自主性学习、研究性学习、实践性学习和协作性学习；树立以学生为本，全面发展，开拓创新，适应社会的现代教育理念；努力达成培养具有创新精神和实践能力的高素质复合型体育人才的目的。

2. 创新课程体系，实施整体改革

课程体系是体育教育专业"术科"建设的核心，只有创新课程体系，突出课程特色，才有可能成为优秀课程。只有通过研究国内先进的"术科"精品课程，优化课程结构，充实先进的课程内容，创新教学方法与手段，改革评价模式，从整体构建，才能达到促进"术科"课程建设的目的。

（1）重新定位课程目标。体育教育专业"术科"课程目标设定不能以掌握运动技术、技能为主要目标，更不能以提高运动成绩为目的。而应当从学科中心的课程观向整体教育观转变。首先，要根据教育目的和体育教育专业培养目标要求确定课程目标。体育教育专业"术科"课程不仅要使学生掌握运动技术、技能，更重要的是掌握传授技术、技能的"教法"；不仅要掌握各种运动知识和方法，而且还要提高各种实践能力和创新能力。其次，确定课程目标要考虑学科、社会和学生三者的关系。既要传播体育学科知识，又要考虑社会需要，还要注重学生的全面发展。在对学生的特点、社会的需求以及体育学科的发展等方面进行深入研究的基础上提出。最后，课程目标要考虑认知、情感和能力三个领域。不仅要考虑掌握体育运动技术、技能和运动理论知识，更要考虑通过术科课程的学习达到对学生个性、品质、价值观等情感领域培养的目标。

（2）创编一流的教材和课程内容。①密切结合基础教育改革和全民健身活动创编教材。体育教育专业培养目标之一是中小学体育教师，课程内容直接影响到将来从事中小学体育教学人才的知识结构。"术科"课程教材主要以竞技运动项目内容为框架编制，教材内容与基础教育改革和全民健身活动结合不紧密，脱离了学生需要和社会需求。教材应结合《新课标》和全民建设活动内容进行改编，融入健身教育和身体锻炼的原理、手段和方法，编制学生喜爱的、对就业有帮助的内容。②吸收新知识、新成果对"术科"

课程内容进行整合和扩充。对于"术科"课程内容改革要突破传统运动项目结构体系的局限，要敢于打破内容体系，剔除学生厌学的、不适应社会需要的内容，重新生成新体系。其一，扩充新内容。通过加强教材化研究，吸收新兴项目和社会流行体育活动项目，转化为课程内容，适应社会体育活动的需要。鼓励"术科"教师积极深入社会体育实践，收集整理新兴体育项目，如攀岩、户外运动、登山、健身瑜伽等，将其改造成"术科"课程，使"术科"课程体系得到有效的拓展。其二，整合课程内容。通过对同类课程或者同项群课程的整合，优化课程内容，达到创新课程的目的。只有不断加强教材建设，更新课程内容，贯彻创新性、先进性原则，紧跟体育学科发展步伐，才能适应课程改革发展和人才培养的需要。

（3）创新教学方法和手段。①传统教学方法与现代教育理念融合。"术科"课程的传统教学主要采用"示范→讲解→练习"的方法进行实践教学，以教师为中心的教学方法占据主流地位。"术科"课程教学方法应当在传统方法的基础上，融合现代教育理念，向以学生为中心和学教并重的方向发展，注重学生自主学习、探究学习、合作学习的理念，创新教学方法。在教学实践中改变传统的教学模式，突出"学法"，提倡教学互动、师生互动，并结合多媒体视听手段教学，引导学生学会学习。②运用现代教育技术促进教学方法与手段革新。现代教育技术和信息技术的发展为"术科"课程的教学提供了新的平台，通过运用计算机技术制作教学课件以及多媒体技术制作教学录像，运用计算机技术开发教学软件以及制作网络课程等手段，为"术科"课程的教学方法和手段的创新提供了新的途径。

（4）改革考核评价体系。传统"术科"课程的考核评价体系主要体现其甄别功能，注重评价的结果，注重评价运动知识和技术、技能的掌握，而忽略了学习的过程，忽略了对学生掌握方法与手段的评价以及各种实际工作能力的评价。首先，"术科"课程评价应着眼于学生的全面发展的衡量，包括认知、能力和情感三个领域。认知领域评价不仅要考查学生掌握"三基"情况，还应考查对各种方法和手段的掌握。能力领域评价要考查学生各种实践操作能力和应用能力。情感领域要考查学生个性心理品质、情感态度、价值观等。其次，"术科"课程评价应注意终结性评价与过程评价相结合，定性评价与定量评价相结合，整体评价与个体评价相结合，运用多种评价方法综合评价。最后，"术科"课程评价主体也应当多元化。不仅有任课教师实施评价，还应当有学生评价、管理人员评价、同行评价、社会评价。

3. 提高综合素质，锻造师资队伍

师资队伍是制约"术科"精品课程建设的瓶颈，通过自身培养、人才引进以及合作共享教师资源是加强师资力量的有力办法。

（1）培养教学名师，引进学科带头人，打造一流的教学团队。首先，加强自身"造血"功能，培育高职称、高学历人才，培养教学名师担任"术科"精品课程建设的负责人，整合教师资源，配置合理的年龄、知识结构和数量的人员，组成教学团队。其次，通过引进人才、特聘教授等措施，提高师资队伍力量，加强教学团队建设。最后，通过合作共建精品课程，共享优秀教师资源。比如，通过校际的合作，将同类术科课程教师资源优化整合，共同创建"术科"精品课程，解决优秀教师资源缺乏问题。

（2）加强教师继续教育，提高综合素质。培育创新型教师综合素质对术科课程建设影响较大，其中教师的教学理念和教学水平影响最大，直接影响到术科课程的教学质量。教师的科研能力、知识结构、职业精神和重视程度直接影响到课程建设的实施效果。首先，通过对教师在职进修和培训，提高教师综合素质。比如，通过教师自学、函授学习、短期培训、学历进修等形式提高综合素质。其次，通过各种学术活动提高教师能力，培养创新型教师。比如，通过学习各种规章制度和政策，转变思想，提高认识；通过参加学术活动和参与科学研究提高教师的科研能力和创新能力；通过开展教研活动加强专业知识的学习，改善知识结构、提高业务水平等等。

4. 优化课程环境，加强网络建设

随着现代科学技术和全球化网络的发展，利用信息技术和网络技术改善教学环境，利用网络资源扩大教学资源的信息量，利用网络传播改变知识获得的方式和交流方式，是现代教育发展的趋向，同时也是课程建设的努力方向。

（1）加强课程环境建设，改善教学条件，营造良好的实践教学环境和网络教学环境。第一，优化实践教学环境。"术科"课程的物质环境建设主要是实践教学环境的建设，实践教学环境是"术科"课程实施教学活动的外部环境和必备条件，主要由多种教学设施组成，包括运动场地、各类场馆、运动器械、器材以及各种教学辅助设备等。对实践教学环境的建设应当有制度、有规划、有监督，做到有计划地投入经费。第二，优化网络教学环境。网络教学环境建设主要是指网络教学平台的建设，包括多媒体教室和网站（网页）的建设。充分利用多媒体教室资源不仅要能够进行术科课程的理论教学，还要利用计算机技术进行术科技、战术教学演示和分析等。通过建设术科课程网站（网页）把优质的术科课程资源共享，辅助术科课程教学和学生课外学习，促进学生的自主学习和课外交流，促进教学质量的提高。

（2）加强网络建设投入和管理力度，提高网络建设质量。第一，提高教学课件和录像质量。比如，制作高质量的 PPT 课件、Flash 动画、CAI 教学软件。另外，通过多种途径制作教学录像，提高质量。许多高校困于建设经费紧张，网页的设计、制作以及教学课件、视频的制作主要依赖学校和教师，甚至靠学生来制作，这也是网络建设较差的原因之一。利用专业公司的技术手段与教师和学校相结合是提高网络建设水平的重要途径。第二，加强网络建设监督，及时维护、更新。网页打不开以及长期缺乏维护和更新是影响学生浏览率低的重要原因，通过监督、检查和激励与处罚机制对网络建设规划的落实进行管理，如实行年度中期检查和年终评价制度。第三，加强网站动态设计，建立互动式网站，设置即时交流系统，增加互动功能。比如，在网站设置BBS教学论坛，在线实时讨论；设置在线测试、网络答疑、E-mail信箱等栏目，在固定时间或非固定时间，由不同课程教师与学生在线交流，加强交流和讨论。第四，加强网络建设经费管理，保障网络建设专项经费投入，由学校和项目责任人共同管理，定期对网络建设和维护状况进行监督、检查，责任到人。建立奖励和处罚机制，根据网络建设情况和验收结果，分批分期拨付经费。

5.加强政策扶持，推动课程建设

（1）转变思想，重视"术科"精品课程建设。在体育教育专业"术科"课程建设中存在领导和教师重视不够，投入精力不足的现象。学校各级领导应当转变观念，提高对"术科"课程建设的认识，支持"术科"精品课程建设。另外，通过采取相关措施鼓励教师积极参与"术科"精品课程建设，为教师投入精品课程建设创造有利条件，激励教师在精品课程建设中得到自身的发展和自我价值的实现。

（2）制定合理的激励政策。将精品课程建设工作与教学和科研同等对待。精品课程建设工作与教学和科研工作不同，由于精品课程建设工作时间不定，工作量大，成效慢，效果不明显，且考核不能与教学和科研同等，致使教师投入精力不足。因此，制定相应的精品课程建设工作考核标准，要将精品课程建设日常工作细化，并计算工作量。制定政策将精品课程工作成果与教师评先、晋职、晋级挂钩，是促进"术科"精品课程建设的重要措施。

（3）制定合理的经费政策。首先，加强精品课程前期开发建设经费投入。由于精品课程建设前期在课程设计、论证、开发方面，教材编写与图书资料购置方面，以及教学软件开发、网页制作、课件制作、视频拍摄等方面都需要投入大量的人力、物力和财力，仅靠教师个人和部门投入也不能满足需要，因此学校可以以立项的形式，在经过充分论证可行性的情况下，提供精品课程建设启动经费，扶持精品课程的开发和建设。其次，加强精品课程持续建设经费的投入。在精品课程建设建成后，一方面课程资源的再开发、网页更新和维护、教学环境的改善等方面需要经费支持；另一方面由校级精品课程向省级和国家级精品课程目标建设需要经费支持。因此，学校应出台相关政策，结合不同级别精品课程给予配套经费，通过精品课程建设效果，进行年度或学期考核评估。

（4）制定合理的用人政策。"术科"精品课程建设不仅需要一流的教学团队，更需要教学管理人员的参与和教辅人员的协助。通过制定相关政策，合理地调配人员，提高服务质量，对"术科"课程建设的顺利实施提供有力保障。因此，制定合理的课程建设政策，建立有效的管理机制，合理调配人员，构建包括教学人员和管理人员的课程建设团队，明确权利、责任和义务，发挥教师、管理者各方人才优势，积极参与"术科"课程建设，才能促进"术科"课程出精品、上档次。

6.拓展建设途径，推进辐射共享

课程建设的目标不仅要建设一流的课程——精品课程，更重要的是优质课程的推广和应用——精品课程辐射共享。精品课程的辐射推广是课程建设的重要组成部分，通过推广精品课程，促进优质资源共享，带动课程建设。在推广过程中，不断改进课程，更新课程，促进课程建设的可持续发展。

目前，国家精品课程建设主要采用学校先行建设、省区市择优推荐、教育部组织评审、授予荣誉称号、后补助建设经费的方式进行。这种方式的弊端其一，在于前期建设学校投入不足，甚至只由教师自身投入，导致课程建设质量下降。其二，由于部分高校优质资源不足，导致课程建设滞后，无法创建精品课程。比如，缺少学科带头人，教授和教师数量少，无法组成教学团队。其三，为申报精品课程学校临时制定政策投入建设经费，申报成功后，后期建设经费不到位。其四，精品课程建设目的是通过精品课程的辐射作用，促进优质资源共享，带动高校整体课程建设，提高教学质量。然而，辐射效果并不明显。针对上述问题，应当改变课程建设方式，拓展"术科"课程建设途径，整合各方资源，创建"术科"精品课程，促进"术科"课程的可持续发展。

（1）高校自建。我国地域辽阔，高校分布广泛，具有浓厚的地方民族体育特色，体育教育专业"术科"课程建设应当充分挖掘地方体育资源，立足于开发具有地方体育特色的"术科"校本课程，既节约了资源，又突出了课程特色，既满足学生需要和兴趣，又适应了社会体育活动的需求和基础教育体育课程改革。

（2）校际合建。由于高校扩招带来了高校资源的紧张，不仅存在教学资源、师资力量的紧张，还存在教育经费和教学条件的紧张。通过高校之间的合作，有利于资源互补，加强师资队伍力量，共享优质资源；通过强强联合，有助于开发优质资源，创建优质课程；通过强弱联合，有助于带动课程建设薄弱高校发展；通过跨地区合作，有利于整合地方资源，开发精品课程；通过东西部合作，则有利于促进西部高校推动精品课程的建设。比如，上海市级"大众足球"精品课程积极响应着国家精品课程建设的精神，通过校际合作扩大课程影响力、辐射力和共享优质资源，目前已与10多个省、市、30多所高校体育院系合作共建"大众足球"精品课程，提高了课程的影响力和辐射作用，有力地推动了"大众足球"课程的建设和资源共享，也带动了合作高校"术科"课程建设的发展。

（3）校企共建由于建设经费的制约和科研力量不足，限制了"术科"精品课程建设的发展，影响了精品课程建设的质量和效果。通过高校与企业和科研院所联合共建精品课程，利用企业的资金投入和科研机构的研究能力，既解决了资金问题又加强了课程创新力度，同时通过高校课程建设的后期效应，为企业和科研机构增加经济效益和社会效益，使高校与企业、科研机构互利互惠，达到了共享共赢的目的。比如，2006 年教育部开始与 IBM 公司合作，共建微软精品课程；2008 年教育部与 Sun 公司合作共建网络课程。通过企业的资助，推动了高校网络精品课程建设。

我国高校体育院系数量多，分布广泛，由于师资力量薄弱、课程资源的匮乏以及建设经费的制约，影响了"术科"课程的建设。单一的"高校自建"精品课程模式不能适应课程建设的发展，只有拓展课程建设方式，通过多途径的共建精品课程，才能有效地促进课程建设，推动优质资源共享，才能够扩大课程的影响度和精品课程的实质性效果。

总之，在体育教育专业"术科"课程建设中，应当明确指导思想，树立先进的理念，以一流的教学团队对课程体系的各要素进行系统性的整体建设。加强政策扶持和经费投入，重视网络建设，拓展建设途径，推动精品课程优质资源的辐射共享，保持"术科"课程建设的可持续发展。

第四节　体育教育专业教材改革与建设

一、大学体育教材的特征

（一）体育教材的知识性与技能性

体育教材包括体育运动技能体系和体育知识技能体系两方面内容。由此可知，体育教材最重要的两个特性就是技能性和知识性。在技能性方面，体育教材的内容应具备为学生掌握运动技能提供指导的功能，包括体育运动项目的练习方法、动作技巧等内容。在知识性方面，体育教材应具备为学生了解健康生活、科学指导体育运动的功能，包括体育锻炼与健康指导等方面的具体内容。需要注意的是，体育教材的知识性与技能性要有综合性的体现，以形成完整的体系。

（二）体育教材的健身性与综合性

"健康第一"是我国体育课程开展的重要原则。因此，体育教材应具备一种重要特性——健身性。教材内容应能够体现出传授健康知识与技能的理念。同时，体育课程的综合性也决定了体育教材的多元化，教材内容应遵循运动技能、心理健康、运动参与、身体健康、社会适应五方面内容。

（三）体育教材的阶段性与连续性

对于大学一年级到四年级的学生而言，其身心需求与认知需求等方面都各具特点。大学体育教材需要能够满足不同年龄段学生的发展需求和阶段特征。基于此，体育教材需要具备阶段性的特征。此外，由于体育课程在学生的学习生涯中并不间断，所以大学体育教材应具备一定的连续性，注重与中小学课程内容的衔接。这有利于大学体育课程学习的系统性和递进性，帮助学生形成终身体育的理念。

二、体育教育专业教材改革与建设的意识观念

（一）体育教育专业教材改革与建设必须牢固树立目标意识

普通高校体育教育专业教材建设质量是实现人才培养目标的重要保证。目标意识即教材的改革、编写和选用要紧密围绕人才培养目标，符合课程教学大纲的要求。教育部颁发的新《课程方案》明确了体育教育专业人才培养目标。培养 21 世纪具有创新意识和精神的"复合型体育教育人才"，不仅对教育、教学的各个方面提出了很高要求，也蕴含着对教材建设质量的高要求。教材改革与指导思想就是要不断适应社会发展的需求，不断提高教材质量，为人才培养服务。教材建设质量制约着人才培养的质量，因此教材不仅要具有很强的实用性，还要体现科学性、新颖性和系统性，具有很高的教育、教学价值。教材也是直接联结教师与学生的桥梁，作为含有各种信息和知识的载体，展现在教师与学生面前，为教师教学范围和深度提供基本依据，为学生学习提供基本内容和信息含量，使之更好地为培养目标服务。

（二）体育教育专业教材改革与建设必须牢固树立更新意识和创新意识

更新意识即加快教材的更新换代，缩短教材的建设周期，不断充实教材的新内容，努力保持教学内容的基础性、先进性和前沿性。随着现代社会的快速发展，世界信息更新速度异常快速，淘汰程度日益加剧。据英国技术预测专家詹姆斯·马丁测算：人类知识在 19 世纪每 50 年增加 1 倍；20 世纪初每 10 年增加 1 倍；20 世纪 70 年代每 5 年增加一倍；而现在每 3 年就增加 1 倍。

21 世纪是信息化的时代，人类知识总量是呈时间的指数函数增长着，新技术每隔10 年就有 30%~50% 过时或被淘汰。全世界每天有近百亿信息单元的信息量在传递，年产约 720 亿信息，并以 15%~20% 的年递增速度在发展，现在的知识信息仅仅是 2050年的 1%。21 世纪体育知识信息也会空前丰富，知识陈旧、老化的速度不断加快，迫使我们必须主动地更新教材内容，扩充教材新信息含量，才能为培养适应现代社会快速发展需要的复合型体育教育人才创造条件和提供保证。不断创建体育新学科教材是培养21 世纪复合型体育教育人才的重要举措。

现代社会已进入科学知识高度分化与高度综合的时代，各种知识相互渗透、交叉和融合，不断地创建出适应现代社会发展需要的新兴学科。体育学科也是如此，在现代社会发展的大背景下，从自身快速发展过程中，创建出了一些体育新兴学科，如体育产业学、体育休闲学、体育经济学等，为体育教育专业培养"宽口径、厚基础"人才而服务。但是，新学科教材建设工作十分滞后，往往在开设这些新课程时，缺乏应有的教材是教学中遇到的主要难题，创编新学科教材已成为迫切需要解决的问题。广大教师和科研人员要主动积极地开采，进行有目标的探索与研究，逐步设计和形成创编新学科教材的思路、指导思想、框架体例、内容体系等，加强新学科知识的总结、归纳、梳理、重组和整合，不断充实、丰富新学科的理论与方法，创编出高质量的新学科教材。当前，尤其要重视创编适应社会体育和学校体育发展需要的新学科教材，为全面贯彻、实施新《课程方案》去创造条件。

（三）体育教育专业教材改革与建设必须强化多样化意识

积极建设体育教育专业多种教材是丰富教学内容、提高学生综合素质的一项有力措施，有利于学生更好地理解、掌握基本教材的内容，为学习中的解题、解惑、解难提供更简洁明了的回答，为提高教学质量创造条件。多样化教材不仅为教师备课提供选择，有利于丰富教学内容，拓宽学生的知识面，还可以提高学生学习的主动性和积极性，培养学生自主学习的习惯和相关研究能力，有利于促进学生对体育知识的摄取、消化、转化和实际应用，培养学生综合运用知识的能力以及创新思维和精神。教材改革与建设必须强化多样化意识，即形成文字教材、电子教材、辅助教材和参考资料相配套的教学用书和教学软件，并紧密衔接、兼容基本教材的重点、难点内容，以适应现代化教学的需要，使多样化教材在深化教学改革、提高教学质量、培养学生综合素质中发挥重要的作用。

三、把握体育教育专业教材改革发展趋向

把握体育教育专业教材改革发展的趋向，能够更好地明确教材改革与建设的思路。当前，体育教育专业教材改革发展趋向主要表现在以下三个方面。

（一）朝着多元化方向发展

体育教育专业的教材改革，首先表现在要契合现代社会发展需要而朝着多元化方向发展，即教材由原来的基本教材（学生用书）建设逐渐发展为基本教材、参考教材（教师、学生）、试题（卷）库等相配套的建设；由原来的文字教材建设逐渐发展为文字教材、电子教材、网络课件等相配套的建设。注重字、像、声、图并茂，达到组合优化，进一步提高教材的全面功能以及可读性、可看性和参考性等，从而促进教材的全方位服务，充分发挥教材多元化的教育功能。

（二）朝着不断创建新学科教材方向发展

为了人才培养和组织教学的需要，为了及时介绍、推广多学科知识经渗透、交叉、融合而成的新知识以及新知识在体育教育领域中的运用，有关专家、学者勇于探索，大量开拓了原始性创新，努力创建各种体育新学科和创编各种体育新学科的教材，供学生学习与参考，开阔新知识视野，这也是教材改革建设一个重要的发展方向。21世纪信息发展非常之快，信息淘汰与更新的周期大大缩短，大量新信息的产生积极地促进着人的思想观念、思维模式、知识结构、能力结构乃至精神与人格诸方面的变化，由此使人的综合素质与能力不断得到提高。同时，体育教育专业各学科知识的综合性得到了加强，并与其他学科知识相互渗透、交叉、融通，在实践中各种知识的碰撞会产生许多新的体育现象，亟须运用体育理论知识加以解释与指导。社会发展是创新教育的推动力，而创编各种体育新学科的教材是不断促进创新教育开展的重要部分，是人才培养"面向现代化、面向世界、面向未来"的需要。

（三）朝着体育人文社会科学方向发展

分析新《课程方案》的培养目标，可以发现体育人文社会学科知识的教育占有十分重要位置，如学校体育管理和社会体育指导等，必须培养学生掌握一定的体育人文社会学科知识才能胜任今后的工作。鉴于此，大量的人文社会科学知识会不断被借鉴、移植、渗透和运用到体育教育中来，从而促进体育人文社会学科的建设与发展，并创建体育人文社会学类的新学科和创编相关的教材，为达成培养目标服务。人文社会学科的研究主要涉及"人—社会"方面，而体育学科的研究则主要与"体育—人—社会"有关，其知识底蕴容易相通，相互之间易渗透、交叉和融合，创建出各种体育人文社会学类新学科。因此，体育学科与人文社会学科之间不是一条宽阔的"壕沟"，仅仅是一个"门槛"而已，只要努力学习、深入研究就可以使其为体育所用。随着社会体育事业的快速发展，对社会体育指导工作的要求越来越高，只有掌握大量的科学理论知识才能更好地指导实践，促进社会体育事业蓬勃发展。因此，体育教育专业教材改革与建设会快速地朝体育人文社会科学方向发展，架起社会体育理论与实践的桥梁。

四、编写体育教育专业教材应遵循的基本原则

围绕新《课程方案》的培养目标，在编写体育教育专业教材时，要确定并遵循相关的基本原则至关重要，遵循这些原则是提高教材建设质量的必要保证。

（一）实用性原则

编写教材要先贯彻实用性原则，这是"教与用""学与用"、理论与实践紧密结合的具体体现。在选择与创编教材内容时，"实用性"要立足于契合现代社会快速发展的

需要和适应基础教育改革以及《体育与健康课程》教学的需要。在现有不多的教学时数内，要选择最具运用价值、最新研究且实用价值高的理论、方法、技术和技能等，使编写的教材具有很高的实用性，学生能学以致用，紧密联系实际，解决实际问题，提高实际工作能力。

（二）科学性原则

遵循科学性原则，主要体现在所编写的教材要符合教学对象的实际，符合学生的知识水平、认知规律、身心发展规律等，使教材的教育作用能促进学生形成合理的知识结构，潜力得到开发与利用，综合能力和整体素质得到全面发展与提高。

（三）新颖性原则

编写教材要不断更新内容，突出新颖性原则。如果教材内容陈旧，落后于时代的发展，就会造成学生学得无用，教师教得无意义，得不偿失，事倍功半。所以编写教材不仅要选择最新的知识，还要对原有的知识加以改造、转化、组合等，形成新的理论体系和方法体系，使教师教有味道，学生学有兴趣。编写教材除注重内容新颖外，还要重视教材版式的创新，加强配套教材的建设，从而全面体现新颖性原则。

（四）系统性原则

考虑系统性是编写教材的重要原则。一本教材代表着一门课程较为完整的教学体系，尽管课程不能等同于学科，但在教材中应有其自身的基本概念、理论体系和方法体系等，虽自成体系，但相互联系，紧密结合。只有充分考虑系统性原则，系统构建教材编写内容框架，才能使学生掌握一门课程的完整知识，而非零星散乱、缺乏内在紧密联系、难以运用理论指导实践的知识。在贯彻系统性原则的同时，一定要避免相关课程教材在内容上的重复。当前，相关教材内容重复的问题比较突出，应深入研讨与探索，加强相关课程知识内容的梳理、整合与归属，科学构建每门课程教材的知识体系，使之自成系统。

（五）精练性原则

教材是一门课程教学内容的综合体现，体育教育专业课程教学内容源于课程相对应的学科的部分知识，但绝不是全部的知识。随着学科的不断建设、壮大、成熟与发展，其知识体系会越来越丰富，而专业教学计划对课程教学时数控制得非常严格，要求在规定的学时数内完成课程教学任务。教材内容的选择也受到教学时数的制约，精选教材内容并体现精练性是编写教材应遵循的重要原则。根据培养目标和规格，依据教学任务与学时数，既要精选教材内容，把握学科内在的知识体系以及现代社会发展的需要，把最具代表性的知识点、知识面和先进的方法、手段精选入教材，又要加强教材体例结构、文句等的精练性，才能编写出一本好的教材。

（六）发展性原则

编写教材应充分考虑发展性原则。体育教育专业学生培养要"面向现代化、面向世界、面向未来"，教材改革与建设也要体现"三个面向"的精神。因此，教材建设要体现一定的前瞻性，契合现代社会发展的进程。同时，贯彻发展性原则还应从学科自身不断发展、前沿知识不断涌现、发挥教材对学生潜在发展性的促进作用等方面考虑，把握好教材改革与建设的思路。

五、我国大学体育教材优化策略

（一）理论课教材优化

一般而言，体育理论教学主要以教室作为教学场所，在利用现代信息技术手段方面具备更多的便利性。在理论课教材优化方面，教师应注重体现体育理论教学难点、重点内容，并与课程教学模式相融合。在新时代理论课教材呈现方式上，教师需要根据以下几方面来优化理论课教材：

第一，自制软件形式。根据现阶段体育技能项目的运动轨迹与技术特征，教师可以运用多媒体技术来丰富体育教材的内容体现，利用PPT、微课制作等，转变传统的单调理论教学模式，创造出图文并茂的体育理论教材，这样不仅可以提高教学效率，还可以提升学生对体育课程的兴趣。

第二，多媒体课件形式。文本、图像、声音、视频等多媒体课件是纸质体育理论教材的延伸，在体育理论教材内容与表现形式方面具有很多优势。随着互联网技术的发展，体育教材不再局限于课本知识，而是趋向于多信息通道融合，这有利于满足体育教学的现实需求，便于学生理解。

（二）大学实践课教材优化

现阶段，衔接学校与社会的重要内容之一就是以能力与习惯为导向来实现大学实践课教材的优化，这对帮助大学生养成终身体育意识有重要作用。相比一般教学课程，在模仿性、形象性、直观性等方面体育实践教学都有明显优势。在体育实践课教学中，很多课堂时间是用来进行学生自主练习与教师示范讲解的。大部分实践课则需要在运动场所展开，其教材数字化课时比重在10%左右。基于此，除了战术学习与运动项目技术，实践课程的内容并非所有内容都适合进行数字化整合，还包括身体素质的锻炼。相关人员在编写大学体育教材时，内容需要符合大学生行为习惯和思维特点，满足经济社会发展的需要，使教材可以有助于学生养成体育锻炼的习惯，掌握两三项终身受用的技能。

（三）注重体育教材的多维度发展

在实践中，由于大学生身心发育相对成熟，所以相比中学课程，大学体育教材需要在中学课程教材的基础上拓宽内容的广度与深度。在大学体育教材编写的过程中，相关人员要从以下几方面来体现其科学性：第一，训练大学生运动技能方面。教材不仅要能够全面讲解体育技能，还应该从运动生理学、锻炼心理学、运动解剖学等不同角度来诠释体育技能的内在价值。第二，培养大学生体育锻炼的习惯与能力方面。为了给大学生的终身体育打下坚实的基础，让他们更好地认识到体育锻炼的重要价值，教师要从大学生成长、成才与工作和生活方面来综合性分析大学体育教材。

第五章　新时期大学生体育教学课程的改革路径研究

第一节　对高校体育课程设置的探讨

高校教育需要培养高素养的人才，要促进学生的全面发展，则必须要重视体育教育。高校体育教育要面向全体学生，积极培养学生的终身体育意识，促进学生健康完善的发展，为社会发展培养出更多德、智、体、美、劳全面发展的优秀高素养人才。高校要重视体育教育，积极研究体育教育中存在的问题，发挥大学体育的功能，提高学生运动技能，培养学生的体育运动意识。然而，在高校体育课程设置中还存在一些问题，影响到高校体育教育的发展以及人才的有效培养，我们要积极对高校体育课程设置进行改革创新，为学生提供优质的体育课程，促进学生全面素养的提升。

一、高校体育课程设置存在的问题

1. 体育课程教学内容片面性强

在高校体育课程设置中，有一个指导思想是促进学生体质的发展，实现技能教育。在这种指导思想的影响下，体育课程设置的内容就存在很大的片面性，突出的是知识的传播和技能的传授。体育教育的理念是较为落后的，在实践体育教学的过程中，过于强调传统体育知识技能的教授，课堂以教师讲解体育知识、演示相关体育技能为主，忽视了学生体育学习的自主性和独立性，限制了学生自由活动的权利，导致学生参与体育的兴趣不高，学生的人格、尊严、个性、价值认识及社会适应能力的培养在体育教育中都没有显现出来，影响到了学生的健康成长，这使人才的培养出现了片面性。因此，需要积极地进行体育教育改革，以促进学生身体的健康发展为中心，以健康第一的意识为指导思想进行体育课程设置，通过体育教育促进学生终身体育意识的养成。

2. 体育课程所选用的教材较为陈旧

高校体育课程教育的发展，要依靠有效的教材，但现在体育课程中所选用的教材较为陈旧，大多是以竞技项目为中心进行设计的，教程模式统一，严格按照教学大纲的设计授课，教材中没有体现出对学生终身体育意识的培养，更没有考虑到学生的个性差异。教材陈旧也是影响学生体育学习积极性的重要原因。

3. 高校体育课程设置的连续性不强

课程设置具有一定的逻辑性和连续性，是保证教学效果的前提，但在现在的高校体育课程设置中存在连续性不强的情况。在高校体育课程中有必修课和选修课两种形式，对于有的专业学生而言，学校并没有为他们提供开设体育选修课的条件，即使勉强开设这种课程，学生所学的内容也是不连贯的，这不利于学生体育锻炼意识的培养，不利于学生的身体健康发展。通过多年研究，我们发现很多大三、大四学生的身体素质较大一、大二的学生有明显的下降趋势，主要原因：大三、大四的体育教育以选修为主，加上学生学习压力大，毕业找工作压力大，很多学生放弃了锻炼身体，导致他们的体质水平呈现出下降的趋势。因此，体育课程设置要具有一定的连续性，即使在大三、大四，也需要开设体育必修课程，对学生进行体育锻炼提出适当的要求，使学生能够获得稳定的发展。

4. 高校体育课程设置脱离了学生的实际

在高校体育课程设置中存在单一化的倾向，课程设置已经脱离了学生的实际，没有兼顾到学生的差异化。课程教学采用统一的授课模式和同样的授课内容，不关注学生的个性差异，造成体育教学形式单一，内容枯燥，教学的生动性不强，无法调动学生学习体育的热情，这种课程设置是失败的。教学效果不理想，体育教学难以培养学生的体育兴趣和良好的体育习惯，更难以培养学生终身参与体育的意识。

5. 课程教学评估方式单一

在体育课程教学中，我们发现存在课程评估方式单一的问题。传统的教学对体育课程的教学评估不重视，是客观存在的问题。在体育课程评估中，只重视分数，不重视学生学习体育的过程，不重视学生学习体育的积极性评价，不重视对学生心理素质及综合素养的评估。评估方式单一、内容单一，也是制约体育教学发展、影响学生学习效果、影响学生综合能力发展的重要因素。很多教育家都主张要通过教学评估促进教学的发展，在体育课程教学中，要积极地进行评估方式改革，采用一系列科学的评估方式，对学生进行全面的体育学习评估，积极改进传统的教学评估方式，从学生的角度出发，对学生的体育学习进行连续性、综合化的评估，以促进学生体育学习效果的不断提升。

二、高校体育课程设置的改革策略分析

1. 以培养学生的终身体育意识为指导思想进行体育课程设置改革

当前，高校体育教学质量不高，课程设置不合理，不能满足学生的体育锻炼要求，也不符合新课改的要求，因此，高校体育课程设置必须进行改革，为学生终身体育意识

的培养做好引导，为学生终身体育锻炼打下基础。

高校体育教学要积极追求一种目标，去引导学生进行自我体育锻炼，实现学生自主学习、自主训练。而要想培养学生终身体育锻炼的意识，必须要培养学生体育锻炼的能力，激发学生参与体育锻炼的兴趣。对于大学生而言，他们的思想认识水平已经相当高了，他们自我发展意识也在不断增强，已经能够认识到健康的重要性以及体育锻炼对自己未来工作、学习、生活的重要性。在这个时期，学校就需要不断强化学生的体育锻炼意识，在课程设置中，应该以终身体育为指导思想，进行体育内容的安排，有意识地安排一些使学生终生受用的体育锻炼项目。比如，丰富体育课程内容，引导学生学习一些实用性强的太极拳，或者让学生学习一些自己感兴趣的健美操等，引导学生掌握这些体育活动的技能。这些体育项目，学生不仅在在校期间可以练习，在未来的生活中也很实用，其对于激发学生体育锻炼的积极性，促进学生终身体育意识的培养具有积极的作用。

2. 丰富高校体育课程内容

现在高校体育课程设置中存在内容片面且落后的情况，严重制约学生体育学习兴趣的培养。因此，高校体育课程设置改革，要不断丰富课程内容，为学生提供丰富的体育素材以激发学生体育参与的积极性。

丰富课程内容是体育课程设置改革的重要内容。丰富课程内容应该从学生的知识结构、认知能力出发，结合学生身心发展的特点，选择与学生心理素养和身体素养相匹配的教学内容。比如，现在高校体育课程中主要是以技能知识的传播为主，忽视了一些健身知识、保健知识的传播，但学生对这些方面的知识是有需求的，因此，可以把这几方面的知识补充到体育课程中去。现在的大学生智力发展到了一定的水平，他们的认知思维能力相对较强，渴求一些新的知识，一些对自己有用的技能。他们喜欢看体育电视节目，喜欢听一些体育新闻，喜欢新生事物，因此，体育课程内容必须要保持丰富、新颖。大学生追求健康，他们渴望掌握科学的体育锻炼方式，渴望掌握如何在运动中避免受伤的技巧，因此，在进行体育课程设置时，就需要围绕学生丰富相关内容，做到因材施教，根据学生的不同兴趣和爱好，充实课程内容。要能够将一些备受学生喜爱的现代体育运动项目，比如体育舞蹈、足球等引入到体育课程中去，体现出高校体育教学的不同层次和水平，使学生能够根据自己的需要选择学习项目，这对于激发学生的体育锻炼兴趣，提高学生体育锻炼热情具有积极的作用。

3. 高校体育课程设置要选择实用性强而先进的教材

现在高校体育教学存在教材选择陈旧的问题，对此，体育课程设置的改革就需要积极解决这个问题，选择科学的、实用性强的、先进的教材，为学生提供有效的学习资源。在体育教材的选择上，要积极地选用新出版的教材，并立足于学生的需求，选择一些与学生兴趣爱好相近的教材。学校也可以根据学生的特征和兴趣爱好，编订出适合学生发展的校本教材，积极通过教材改革，激发学生对体育学习的兴趣。此外，还应选择能够体现大学生这个特殊群体特色的教材，根据学生的需要多去选择一些涵盖体育保健等方面知识的教材，通过教材创新，增加学生的体育锻炼热情。

4. 保证体育课程设置的连续性

想要有效发展学生的体育技能，促进培养学生的体育兴趣，就必须要保障体育课程设置的连续性。在现在的高校体育课程设置中，存在连续性不强的现象。在大一、大二开设的课程，在大三、大四可能就不开设了，这不利于学生体育锻炼习惯的养成。一些内容、一些体育技能，学生在大一、大二正学着，正练习着，后来，一套完整的内容没有完结，到了大三、大四就不学了，也影响到了学生体育兴趣的培养。因此，在课程设置改革中，要积极纠正这种问题，保障课程设置的连续性。学校要认识到体育学习、体育锻炼是学生一辈子的事情，学校有义务引导学生的体育习惯，有义务培养学生科学地进行体育锻炼，通过体育课程改革，保障课程设置的连续性，为学生进行有效的体育学习打下基础。

5. 选择趣味性和休闲性较强的教学内容

对于大学生而言，他们对新鲜事物很感兴趣，高校体育课程在内容设置方面就要立足于学生的生理和心理需要，选择一些趣味性和休闲性强的教学内容，因此需要对课程内容进行改革。例如，在体育课程中可以增加一些体育类游戏内容，也可以增加一些富有挑战性的运动项目，比如，中国传统的武术项目可以增强体育课程内容的趣味性。通过调查我们发现，很多女学生对体育课程学习不感兴趣，为了解决这个问题，需要选用集趣味性与竞争性于一体的体育运动项目，以有效增加女生参与体育的积极性。进行体育课程改革，还可以设置一些休闲性强的体育课程，通过休闲性的体育项目使学生积极地参与到体育锻炼中去，以实现学生身体素养的有效提升。

6. 立足于学生的实际进行体育课程体系设置

高校体育课程体系设置要立足于学生的实际，从学生的现实需要出发，充分分析学生的个性特征，依据学生的身体发展水平进行改革设置，这样的课程设置才更加科学，更为合理。在课程项目选择方面，要能够把较为流行的课程融入到体育课程体系中去，要把一些时尚流行的体育项目纳入到课程体系中去，比如，把目前流行的定向运动、瑜伽及素质拓展项目纳入课程体系中去。课程设置要以健身为目标，突出娱乐性，比如，体育舞蹈等学生喜欢的运动项目纳入课程体系中去。这些项目不需要很大的运动量，就可以达到锻炼身体的目标，这种大众化的运动项目更能使学生积极地参与进来。所以，在课程设置中，应该把这些内容引入到课程体系中去。只有立足于学生的实际需要进行课程体系建设，才能促进体育教学的有效发展。

7.构建多元化的体育课程结构体系

高校体育课程结构设置要能够依据高校体育的教学目标，尽量做到科学实用，实现多元化的课程结构体系。一般而言，高校体育课程包括体育必修课、体育选修课、体育保健课、体育理论课及课外体育运动课程等。而丰富多样的课程，可以满足学生的体育运动需要，使学生掌握基本的体育知识与体育技能，培养学生基本的体育锻炼技能，同时又能充分考虑学生的个性需要，为学生提供个性化的体育运动项目，满足学生需要。只有构建多元化的体育课程结构体系，极大地丰富体育教学内容，才能不断提高学生参与体育锻炼的兴趣，促进学生体育运动习惯的养成，极大地提高学生的思想品质、心理素质和适应社会的能力，促进学生综合素养的发展。

第二节　高校体育课程改革的实践与走向

当前，阶段内的大学体育课程项目设置呈现出多样性的特征，课程项目的设置也让学生体验到了更多的体育趣味性。传统观念下的体育教学已经不符合学生的学习需求，也不能满足学生的素质需要。因此，新时期必须做好高校体育课程教学的改革工作。

一、高校体育课程改革的时代要求

当前我国已经步入全球化发展的行列中，对人才的需求日益提升，对教育质量也提出了更高的要求。为了能够适应未来的发展需求，必须做好高等教育工作。体育学科需要按照自身的特点进行教学，传统的体育课程形式已经不符合高校体育教育的需要，那么就需要教师改革创新教育教学理念，改革教学方法，让高校体育课程符合社会的需要，满足学生的需求，做好学生人格培养工作和强身健体训练，并且最终让学生成为全面发展的人才。新时期为了做好人才储备工作，必须要着眼于学生的身体素质、体育文化、体育精神及终身体育思想和自我锻炼习惯等，让学生的锻炼习惯可以在逐步学习中展现出来。在高校体育课程改革的进程中，每一所学校都应该争取起到榜样示范作用，以促进改革目标的实现。

二、高校体育课程教学改革的实践与走向

（一）高校体育课程教学改革的实践分析

首先，应科学合理地设置高校体育课程。高校体育课程的设置要考虑多个方面的问题，大学和中小学的情况不同，因此，还需要按照大学生的运动能力、运动兴趣和运动

水平合理地设置体育课程，实施分层次体育教学。例如，基础课和选修课双管齐下，基础课可以让学生具备基本的体育训练技能，选修课则可以不断地强化大学生的体育意识，还可以做兴趣爱好的输出，给学生兴趣爱好释放的机会，如有些学生喜欢篮球、足球、游泳、健美操等。因此，按照学生的兴趣爱好开展选修课程就可以更好地实现学生个性化的成长。体育选修课程的选择可以帮助学生提升体育训练的自信心，增强自主学习的能力，也使体育学科发挥其作用，改变以往的体育训练枯燥乏味的问题。

其次，教师应丰富体育授课的内容。体育授课内容在很大程度上决定了体育教学的效果和质量，教师在教学时需要将体育学科和学生的现代化生活更好地结合在一起，学生重视身体健康才可以更好地增强体育锻炼的有效性。内容上教师要从技能训练、精神训练等入手，让学生学会如何健康饮食、健康生活，养成良好的生活习惯。可以试试学生自主选择体育课程，如篮球、长拳等，不同的项目会给学生带去的感受不同，充分发挥出体育学科的优势。

最后，应关注大学生的个性化发展。体育授课将知识、技能及情感集合在一起，激发学生对体育学科的学习欲望，让学生真正地喜欢上体育。高校体育教学改革过程中，大学生的体育精神培养是不可或缺的，教师可以带领学生观看各种比赛，还可以组织学生进行户外体育运动，改变学生单纯的体育认知。将体育教学融入体育活动中，才能让学生真正地感悟体育精神。

（二）高校体育学科教学改革的方向

首先，体育教育思想的方向转变。大学生的体育健康情况一直受到社会的关注，青少年的身体健康情况是社会建设的主要组成部分。所以在大学这个平台上，体育教学一定要进行改革，让学生的身体健康处于重要的地位，不断地强化学生的体质培训。因此，传统的体育学科教学观已经不符合体育学科的需要，在改革的方向上必须树立起新的思想，让学生逐步养成良好的运动习惯。对此，教师可以精心地设计课程，让电子体育竞技和传统体育竞技相结合，真正地实现脑力活动和体力活动共同运用，为学生主体服务。

其次，体育教学模式的创新。体育教学模式的创新是体育教学过程中的关键一步，因此教师必须要创新教学理念，创新教学方式，激发学生的主体性和积极性，还需要不断地强化学生的思想，让学生身体力行。教师拓展体育教学，可以将信息技术和体育学科融合在一起，做好团体教学设计，这样才可以弥补传统体育教学中的某些不足，改变学生对传统体育的认知。

综上所述，本节对大学体育课程教学改革实践与走向进行了分析和研究。大学体育课程教学的改革可以改变传统教学弊端，将阳光体育和健康体育融入学科之中，创新学科设置，让内容更加丰富，教师的教学方法也得到了创新，因此，自然可以提升教学质量。

第三节　素质教育理念下高校体育教学课程的优化

随着中国教育改革的逐步展开、施行，培养高校学生的综合素质也成为越来越需要大家关注的问题。高校学生不仅要发展自身的专业知识，还要提高自身的体育素质，促进其综合素质的发展。高校教师要始终跟随时代的步伐，改变原来的教学理念和教学方式，为国家培养出全面发展人才，更好地服务于社会。

一、素质教育理念下高校体育课程优化的意义

新课程改革的不断深入使得它所体现的学习理念、学习方式、人生观、价值观等都发生了变化，这就需要教师去改变以往的传统教学方式，去开拓新的符合当代社会发展趋势的教学方式。高校教师需要以课程标准为教学目标，加强学科的综合性，合理设置综合课程，增加综合实践活动。通过合理的课程设置，可以增强学生的体质，树立健康体育运动意识，帮助学生养成强身健体的好习惯，促进全面综合素质发展。

二、素质教育理念下影响高校体育教学发展的主要因素

（一）高校体育教学资源配置不均衡

在目前国内的大多数高校中，资源配置不合理成为限制体育教学发展的共同问题。体育教师的缺乏、体育设施的简陋、教学内容的不合理等问题直接影响了高校体育教育的发展。在课堂教学活动中，因为资源配置的贫乏，不能让教师开展更为丰富的教学内容，学生也不能进行更多的体育运动，加上体育课的运动强度让更多的高校学生逐渐地失去兴趣，进而使他们排斥、害怕。这些情况极其不利于高校体育教学的健康发展。

（二）高校体育教学理念模式老旧

在新课标的要求下，教师应当注重教学活动中学生的课堂主体地位，尊重学生的个性发展和身心全面健康发展。而就当下高校体育教学课堂而言，教师仍然将传统"填鸭式"教学作为教学活动的重点，忽略了学生的课堂主体地位，极其不利于学生挖掘自身的潜能。

（三）部分高校体育教师专业素质不高

整体来说，一些国内高校对体育建设并不重视，只是一味地执行以往的教育任务，缺乏对体育教师人才队伍的培养，无法引导学生学习更为广泛的体育知识，也不能调动

学生对体育锻炼的积极性。另外，教师过分追求学生的体育技能，不考虑学生个体的差异性，没有清晰地理解体育教育的意义，这就导致体育教学评价体系偏移了当代的教育目标。

（四）高校体育教学实践意识缺乏

尽管目前高校都设置了一系列的体育课程，不管是必修还是选修，都缺少丰富多彩的校园运动活动。例如，运动会不按时举办、奖品设置不合理等，这都会导致学生参与的热情极大地受损。这些体现了高校没有真正意识到体育教学对学生全面发展、综合素质的提高有着重要而持久的意义。

三、素质教育理念下高校体育课程优化的相应对策

（一）重视体育教学资源的投入与合理利用

体育教学活动的顺利开展需要优质的教学资源作为依靠，高校需要大力投入体育教学资源并进行合理分配、利用。首先，学校有必要加大资金投入，完善体育设施建设，为学生提供更丰富的体育设备，更完善的体育运动场所，如增设篮球场、排球场、羽毛球场等，提高学生锻炼的积极性。其次，学校要加强对体育设备的定期检查与相应的维修，以防止在体育锻炼中因设备老化而对学生造成危害。此外，学校还要加强对信息技术的运用，将多媒体和体育教学课堂联系起来，丰富体育课的内容。

（二）改变高校体育教学理念与教学模式

教学理念与模式的创新应该成为目前高校教师所重视的一点，如何让学生爱上体育课、如何让学生提高对体育知识的认识、如何培养学生的身体素质等，这都是高校教师需要关注的问题。在素质教育理念下，教师要改变以往教学理念，突破传统教学的枷锁，尊重学生个性的发展，重视健康体育教育。教师可以根据教学内容合理设置教学模式，让全体学生都参与到教学活动中来，以学生为课堂主体展开一系列适合学生健康体育发展的活动。

（三）加大高校体育的实践教学活动

学校应该认识到学生的身体锻炼不应该只表现在体育课程上，还应该养成每日运动、终身运动的好习惯。许多刚步入高校的大学生自制能力差、不爱运动，针对目前高校学生的这一现状，一些高校开始使用软件来监督学生每日跑步，并成为体育课的部分成绩，这一举措让众多学生爱上了跑步，并提高了自身体育素质。

综上所述，素质教育理念的逐渐深入，让高校逐渐意识到体育教学的重要性。目前，高校体育教学存在资源配置不均衡、教学理念模式老旧、教师专业素质不高、教学实践

意识缺乏等问题，学校需要重视教学资源的投入与利用，改变体育教学理念模式，提高体育教师的综合素质，加大体育的实践教学活动。

第四节　构建高校体育理论课程教学体系的研究

21世纪初，我国针对高校体育教学专门颁布了《全国普通高等学校体育课程教学指导纲要》（以下简称《纲要》），这个文件的颁布具有划时代的意义。它不仅是针对体育教学内容、体育教学目的、体育课程设定做出了科学的规定，也在体育教学方法探索、教学教材选择、教学资源开发方面给了高校很大的自主权。不过，通过对不同省份的数十所高校的体育理论课教学情况进行调查，发现不少学校在教学思维、教学安排、教学计划以及学生学习习惯培养方面都做得远远不够，都不能很好地满足《纲要》所提出的各项要求。基于这一原因，本节选取了教学体系构建这一独特的视角，针对普通高校体育理论教学的原则、理念、内容、策略、形式、意义等做出了综合的分析和系统的把握。

一、高校体育理论课教学体系构建的依据

1. 从《纲要》规定的教学目标产生的依据

21世纪初颁布的《纲要》有一个显著的特色，那就是它将课程目标一分为二，按照阶段来予以划分。低年级的学生（大学三年级以下）主要按照基本目标来展开教学，高年级的学生则主要按照发展目标进行体育学习，需要注意的是包括研究生在内的所有学生都要遵循发展目标。这两大体系优势互补、互相推进，都是21世纪目标体系中的重要组成部分。同时，《纲要》还对这两个体系中的每一个具体目标进行了剖析，这不仅是对课程目标设定的进一步探索，还具有很强的实践意义。这一目标充分地彰显了体育理论教学的基本内容、发展方向等方面的优势，所以，在进行体育理论教学有关方面的研究时，必须严格按照《纲要》的具体要求来展开。

2. 从《纲要》规定的教学内容、课时数产生的依据

《纲要》明确针对理论课与实践课所占的比例进行了划分，按照要求，体育课程中理论课的比例不得低于总课时的10%。假如一个普通高校的学生在大学两年的总课时是14课，那么按照比例计算不得少于16课时。从过去的实践经验来看，高校体育理论教学的重点都集中在技巧传递和技能掌握方面。虽然《纲要》对体育课程比例有所规划，但是理论课方面并没有对"怎样教"展开进一步探究。总体来看，体育理论课被忽视的问题大量存在。近些年来，研究者在体育理论课方面的探索稍显不足。基于此，要对此

予以高效应对就必须广泛地借鉴其他国家在相关问题上的研究成果，结合我国的实际予以变革。这既符合《纲要》规划的总目标，也充分体现了"终身教育"的理念，对大学生的身心发展具有极其重要的意义。

二、高校体育理论课教学体系的构建

要想促进学生对于体育基础内容的掌握，推动体育品德的养成，最重要的一个步骤就是推动了体育理论教学体系的不断完善。将基本知识传达给学生，促进他们培养良好的体育素养，坚持科学的生活方式，养成规律的生活习惯，这能使学生终身受益。只有将这些理念真正地灌输给学生，学生才能重视自身的健康，看到体育带给自身的切实利益，逐步养成健康的体育观念，推进自我素养的提升，以自觉的态度进行体育健身。由此可见，体育理论课具有无可替代的重要意义，其重要性丝毫不亚于实践课程。

体育理论课程模式的探索应该在科学的指导下实现，这一指导思想应当充分考虑到学生的生理和心理特征，要能产生促进学生去真正认识理论课程重要性的意义，进而寻求适合自己的运动方式。大学生在生理与心理方面都处于一个过渡的阶段，所以体育理论课要凸显阶段性特色，按照科学的步骤展开。一是从比赛胜负的视角切入，对学生的体育兴趣予以挖掘；二是促进体育行为通过锻炼处方的刺激而产生；三是在身体体能评价的基础上，探索科学化的体育教学模式。

三、高校体育理论教学体系教育阶段的理论分析

1. 从体育竞赛欣赏切入产生的理论基础

大一学年的第一学期是体育教学的第一阶段，学时为4，主要的教学内容是引导学生欣赏竞赛。其中心目标就是按照美学的基本要求，通过观看竞赛中竞技者的表现，体会运动与人体的魅力。当然，也可以通过视频播放、观看体育节目、聆听极具感染力的音乐，加之老师全方位的讲解，让学生体会到真正的美。这样一来，学生会不由自主地进行美的选择，学生的个性自然就能被激发出来。所谓美的教学，就是要在符合学生身心发展特点的基础上，培养他们选择自己所需的能力，体育理论教学的目标亦是如此。这一时期充分体现了大学生的个性化心理特色。

2. 从竞赛胜负判定奠定理论的学习兴趣

大一学年的第二学期是体育教学的第二阶段，学时为4，教学的主要内容是判断比赛的胜负。其中心目标就是在了解竞赛基本内容的基础上掌握不同项目所体现出的特色，然后予以评分。感受裁判员在紧张激烈的竞赛程序中是怎样捕捉每一个转瞬即逝的时刻，然后予以迅速应对的。这一阶段的教学目的是让学生获得科学的判断胜负的方式。除了理论传递之外，比赛胜负的判定也是教师需要教的一个重要内容。此外，还要让学生对

裁判工作有所了解，以此激发他们的学习欲望，提升裁判的判断素养。

3.制定体育锻炼运动处方养成锻炼习惯

大二一整个学年是体育教学的第三阶段，学时为 8。其中心目标就是完成运动处方的教学。核心就是在终身教育观念的引导下，对与健身有关的内容进行深入的了解，对运动形式有更准确地把握。借助于色彩、音乐、图像等对人的感官产生的刺激作用，激起学生感受美的欲望，将美看作一种情感体验，进而正确认识健身运动处方的目标对象是广大普通人，这也是保证其健康的一种重要策略。还要让学生意识到，健身运动处方涵盖面甚广，囊括健身类型、健身强度、健身时长、平均频率、最高完成数量、时间间隔和特殊事项等。其总体设定遵循的是以人为本的理念，将促进人的健康发展放在体育教学的关键位置。就理论的视角而言，它提升了学生的体育参与度，也让他们更积极地接触体育理论，从而使实践能力得到了提升。

第五节　基于核心素养视角下的高校体育课程改革研究

从实际教学来看，越来越多的高校体育教师意识到了传统的高校体育课程已经不能很好地适应社会对大学生的要求，尤其是将大学生培养成高素质人才的要求。传统的体育教学目标更多地关注培养学生的身体素质，但是忽略了对学生核心素养的锻炼和培养。因此，众多高校体育教师提出了大学体育课程改革，并且在实际教学中进行了探索。在此背景下，本节选取了核心素养这一切入点对高校体育课程改革展开了探究。首先简单概括了核心素养的基本理论知识，接着强调了核心素养对于高校体育课程改革的重要性，最后又提出了几点基于核心素养视角下的高校体育课程改革建议，希望有助于广大教师在实践中更好地开展高校体育课程改革活动。

一、核心素养的相关理论概述

1.核心素养的定义

核心素养这一理论的起源可以追溯到 20 世纪 80 年代，并且由欧洲发达国家率先提出后传入我国。我们目前所说的核心素养指的是学生在技能、知识、情感、态度、价值观等多个方面综合能力的体现，与传统的一些理论相比，它更多地关注学生获得知识的能力、终身学习和发展的能力、适应社会发展所必须具备的能力等。简单地说，核心素养可以看作学生的全面发展，强调培养出适应社会需要的学生。

2.核心素养在体育学科中的特征

与其他的学科不同，核心素养这一理论在体育学科中有着明显的特征，对这些特征有所了解将会有助于教师更好地去开展大学体育课程改革。因此，本节将核心素养在体育学科中的特征概述如下：

其一，运动与认知方面。核心素养在体育学科中的特征首先体现在运动能力与运动认知方面。运动能力是指学生在进行体育活动的过程中，能够在神经系统的调节下，动用到身体不同的肌肉群，其体现肌肉群的协调性从而完成某些特定的动作。运动认知能力则是对理论、技能、评价等的行为能力，体现了学生的思维能力和感知能力等。

其二，行为与知识方面。行为方面是指学生的健康行为，包括生理及心理两个方面。在开展体育运动前能够对其产生认识，在完成体育运动之后则能够选择适宜的放松方式，都是一种健康运动行为的体现。

其三，情感与品德方面。形成体育情感的主要目的在于调动学生的积极性，将学生参与运动的兴趣激发出来，情感方面能够展现出学生对于体育学科的态度和兴趣程度。而体育品德则包括尊重对手、坚忍不拔、学会合作等方面。

二、核心素养对于高校体育课程改革的重要性

（1）使个人需求与社会需求相互融合。步入大学阶段，学生大多已经成年，有了自己的思维能力和个人需求，一方面是觉醒的自我意识、个人需求，另一方面是社会发展对大学生提出的需求，如何在两者之间寻求平衡点更好地实现自身发展，就成了令许多大学生困惑的问题。而在核心素养理论背景下，在培养促使学生形成稳定的核心素养过程中，既能够充分考虑到学生的个人需求，也能够最终实现社会对学生的需求，达到一种相互融合、互利共赢的状态。从宏观层面上来看，核心素养视角下学生的个人需求与社会需求的本质是一样的，只是体现的形式略有区别。

（2）为大学体育课程改革提供了理论指导。在充分了解核心素养这一理论体系的基础上，高校体育课程改革能够充分借鉴其思想对课改进行全方位的指导，更好地完成课改实践工作。毫不夸张地说，核心素养是大学体育学科素养的目标指向，而学科素养则是核心素养理论的具体化展现。

（3）顺应了时代的发展和进步。注重培养学生的核心素养，一方面能够让学生形成自主运动的行为习惯，对其身体素质的提升有着明显的益处；另一方面还能在学生运动的过程中锻炼他们的心理素质，完成心理调节工作。不仅仅是在校期间，当学生毕业之后走入社会，面对错综复杂的社会环境时也能够从中获得自我调节的能力，养成终身锻炼的习惯，因此，顺应了时代发展及进步。

综上所述，核心素养理论对于高校体育课程的改革具有重要意义。

三、核心素养视角下开展高校体育课程改革的几点建议

针对当前高校体育课程改革的实际情况，提出以下几点建议：

（1）提升教师素养，更新教学观念。目前，高校中的一些体育教师也逐渐放松了对自我的要求，未能及时更新教学观念，对外界新型教学理论的了解也不够，综合素质有待提升。需要明确的是，在大学体育课程教学改革的进程中，教师是实施和推进改革的第一人，要求教师主动更新教学观念，提高自我素养，才能够教授给学生正确的理论和实践方法。因此，高校体育教师应当努力提升自我素养，积极更新教学观念，充分学习相关的理论知识，将其更好地应用于实际教学当中。

首先，高校的领导应当对高校体育课程改革工作加以重视，采取多种方式去积极推进改革，对于在改革的过程中确实需要用到的人力、物力予以大力支持。例如，可以通过全校范围内文件下发、动员大会等形式对高校体育课程改革加以推进，可以为大学体育课程改革配备专项资金，为参与体育课程改革工作的教师安排和制定合理科学的工作量，这些都是行之有效的大学体育课程改革方法。

其次，高校体育教师自身也要在平时的教学过程中、课后业余时间充实自我，通过互联网、图书馆等多种渠道了解核心素养等新型的教学理论，做到与时俱进，终身学习。

（2）改革教学方法，关注学生各方面能力的培养。无论是核心素养视角下的高校体育课程改革，还是其他教学理论下的高校体育课程改革，课改的受众群体都是大学生。因此，应当关注他们的兴趣点，对教学的方式方法进行有意识的改变，以吸引学生的学习兴趣，达到培养各方面能力的目标。尤其在高校体育课程教材比较枯燥的前提下，教师更应该树立年轻的心态，多深入学生当中去了解他们更加倾向于以何种方式开展体育教学活动，对哪些方式下的体育授课更感兴趣，更容易接受。

在开展这些课程改革活动的过程中，教师应当充分注重对学生运动认知能力、健康行为能力等方面的训练及培养，其中学生运动认知能力的培养包括学生对运动的认识、学生的运动能力、学生的运动习惯三个方面。

通过教师的教学培养，学生应当能够更加喜欢参与体育活动，培养出某一种或者某一些体育爱好项目。另外，在思想方面教师还应该让学生树立正确的体育观念、对体育有健康积极的态度，掌握一些科学的运动方法和技巧，初步形成良好的运动习惯，从而体现对学生核心素养的培养。另外，学生的健康行为知识也是高校体育课程改革核心素养视角下一个重要的方面。教师应当在教学过程中有意识地对学生进行训练，让他们对体育健康知识、体育健康行为等有所了解，比如在运动前、运动后需要注意的事情等。

（3）理论联系实际，重视体育教学的德育功能。核心素养是一种教学理论，在使用过程中应当充分将理论与实际结合起来，并且体现体育教学的德育功能。要想将理论

与实际相结合，除了精选教材、关注学生的兴趣点之外，还应当结合一些趣味性的体育活动，既锻炼了学生的身体，又培养了学生团结合作的品德。一方面，教师应当鼓励学生去积极参与各项体育实践活动。另一方面，教师还应当尽可能多地给予学生选择的空间，让更多的学生参与到体育实践活动中来，并享受到体育带来的乐趣。

总而言之，无论是高校教师还是学生，都是高校体育课程改革的实践者与参与者。行之有效的高校体育课程改革策略不仅能够培养出大学生的核心素养，还能够为社会输送更多的高素质人才。因此，作为一名高校体育教师，在实践教学的过程中应当更加仔细观察、积极总结、不断反思，并争取为高校体育课程改革做出贡献。

第六节　体育学科的目标教学与课程的创新设计

一、目标教学的概念与特点

1. 目标教学的含义

目标教学是以教学单元为控制教学过程的基本单位，以教学目标为中心来组织教学活动，以异步教学为教学活动的基本组织形式，以可控变量作为优化教学活动的着力点，以教学评价保证教学活动有效运行的教育教学新体系。

2. 目标教学的特点

目标教学强调"目标意识、情感意识、参与意识、反馈矫正意识、学法意识"为其教学特点。

3. 目标教学的导向

通过目标教学实现三个根本转变：课堂教学由教师中心向学生中心转变；由知识中心向能力中心转变，由为掌握而学向为发展而学转变。

二、对目标教学基本课堂教学结构的认识

1. 要素结构

目标教学的课堂教学要素包括三部分：教师、学生、认知信息。

2. 行为结构

目标教学的课堂教学，围绕每一个明确具体的教学目标，并重点调控影响教学效果的三个变量（认知前提、情感特性和教学质量），充分运用检测—反馈手段，采用群体教学与个别教学相结合的形式，构建了课堂教学的行为结构。

3. 程序结构

目标教学大致包括了四个环节的程序结构：前提测评—认定（展示）目标—达标导学（实施目标）—达标测评。

三、关于目标教学的功能

1. 导向功能

它是教师选择教学具体内容，运用教学方法、教学策略、教学媒体及调控教学环境的基本依据。

2. 激励功能

目标教学是激发学生探索欲望，激起学习兴趣，进而转化为积极参与教学活动的动力，实现由不知到知，由不能到能的矛盾转化。

3. 调控功能

课时教学目标制约着教师"教"的行为，也制约着学生"学"的行为，对课堂教学的设计和实施起着调控作用。

4. 评价功能

教学目标把教学大纲具体化、教学内容明晰化、能力要求层次化。科学的教学目标，有利于学生素质的全面和谐发展，有利于充分发挥学科的素质教育功能，有利于体育教学质量的全面提高。

四、实施目标教学的几点体会

（1）目标教学中，每个单元教材连续授课，这种形式从运动心理学的角度来看，对大脑感知学过的动作技能有相当大的帮助，更有利于运动表象的形成。

（2）教学目标是课堂教育教学的起点和归宿，因此，课时教学目标必须制定得准确、合理，其一般应遵循以下几个基本原则：

①科学性：教学目标要依据教学大纲和教材，遵从学生的认知规律和心理规律，把知识的获取和能力的培养有机结合起来。

②具体性：教学目标要制定得具体、清晰，使学生目标明确，有的放矢。

③层次性：课时教学目标应当是分层次的、递进的，使不同层次的学生"蹦一蹦"摸得到、"跳一跳"够得着，保护学生的学习积极性，发展学生的个性。

④可测性：教学目标的编制要便于测试和评价，可操作性要强。

（3）使用教学目标需注意的问题：

①教学大纲的总体教学目标、单元教学目标和课时教学目标是同一整体系统中的不

同范畴和层次的要求，是一个统一的整体，教学中应把三者有机地结合起来，完成教学目标与任务。

②体育教学中的知识、实践操作和思想品德教育目标是一个辩证统一的整体，是在同一教学过程中逐步达到的目标，是教学中的有机整体，应全面、同步、和谐地发展。

（4）教学过程中应重视反馈与调控手段的运用。我们的做法是：课前要展示目标，使学生明确目标，激励学生达标；通过前提测评了解学生的基础，便于分层次教学；在达标导学过程中及时反馈和纠正，帮助学生达标测评后，应提出具体的改进措施和要求。以上各环节都是紧扣教学目标而完成的，通过教学中的多次反馈、矫正，来实现教学效果与教学目标的统一。

（5）以教学目标为主线，充分采用"启发式"和"讨论式"的教学方法，提高学生的参与意识，努力实现由以教师中心向以学生中心的转变。

①在课堂教学过程中，教师应针对教学目标设疑激趣、设疑激思，鼓励学生讨论，变学生"被动学习"为"主动学习"，变"要我练"为"我要练"。

②注重学法指导。指导学生学会观察、分析动作技术，学会思考问题，引导学生多了解、掌握一些卫生保健常识，动作技术形成的规律、练习方法、易犯错误及纠正方法，从而提高学生的创新能力，为终身体育奠定基础。

③变革教学手段，创新、运用教学媒体。简便实用的教学手段，丰富直观的教学媒体，有利于学生自我反馈和自我评价。

④适时分层教学。因为学生间存在个体的差异，所以在教学中应因材施教、因能施教，按学生的体能分组，针对不同学生采用不同的教学手段和学法措施。对学生有共同的基本要求，也有不同的因人而异的目标，课堂上"学生吃得多的多给，吃饱为止"，"吃得少的少给"，保证学生"吃得饱"和"吃得了"。

⑤采用以表扬为主的方法，及时认定学生的成绩，热爱学生、信任学生，让学生积极参与教学效果的评价。

⑥注重师与生、生与生之间的情感交流，努力营造一个宽松、愉悦的学习氛围。

（6）体育目标教学应注重与其他学科知识的联系。

（7）目标教学要及时对学生进行思想品德教育和行为规范的培养。

五、设计新颖的体育课方案

"创新"不同于发明，其并未改变事物的本质，只是对构成事物的基本因素进行一次新的组合，从而显现出新的特点和功能。

同一教材、同一年级，不同学校、不同任课教师可上出许多不同特点的体育课，就是因为构成课的基本因素可以被多种方式组合的结果。

1.教学目的

体育学科的教育、教学功能是多元的，但具体而言，其教学目的必须恰当定位，不可能做到面面俱到。"位"由教师而定，依据则是大纲、教材和学生教学目的的定位，犹如建房搭起架构，对课的具体化、形成特点起着提纲作用，对构成课的其他因素的调动、组合产生影响。例如"耐久跑"教材，由于教学目的的定位不同，课程就有不同的特点。

2.作业条件

作业条件包括运动场地、设施、器材等，气象因素也是不应忽视的。不利的作业条件对其他因素会产生制约作用，如一些教学方法、手段难以运用，一些组织形式不能实现。体育教师还应重视"小环境"的设计和创造。例如，充分利用小场地，以实现容量大的教学；常自制代用器材，以弥补不足；常针对某些特定条件赋予情景内涵，使作业条件产生超值效应，以取得更好的教学效果。

3.教学方法和手段

通过什么媒介可以使由文字或图形反映的体育教材转化为学生生动的体育行为，这就是方法和手段，这是诸多教学因素中很具体又很活跃的部分。方法、手段已有许多前人积累，可借鉴，但运用时绝不可照搬，目的性、针对性是教法、教学手段选择的重要准则。例如"背越式跳高"教材，有的教师选择由低高度向上走的教法，而有的教师则选择由跳高垫逐渐下落的方法进行，如此大的反差却同样都有可能成功。

4.组织形式

课的组织形式应是不拘一格的，但应有利于教学过程。如能充分利用作业条件，将有利于教学方法和手段的运用，有利于调动学生的情绪，有利于群体和个体都得到表现，有利于课的整体效果。组织形式应针对不同的教材和学生的特点有所变化、有新创意，使学生在相应的氛围中感受到课的文化内涵。

当上述因素分别以不同的形式组合在一起形成一种新的关系时，一节新的课例设计就算完成了。但这一课例在实施时能否取得最佳的效果，还要依靠教师能力的进一步表现，例如行为、情感投入、应变能力、幽默、风趣等。

体育课创新设计的动机源于教师对教材和学生有更深入的认识，以及强烈的批判和创新意识；体育课创新设计能否有所突破，取决于教学目的定位的合理以及对相关因素变革和重组的成功；体育课创新的实施效果还有待教师能力的更充分表现。

六、隐性体育课程及其教育设计

1.隐性体育课程的概念

"隐性体育课程"是相对于"显性体育课程"而论的，即学校范围内除显性体育课

之外,按体育教育目的及其具体化的体育教育目标进行设计的校园体育文化要素的统称。其含义为:

（1）隐性体育课程属于学校体育文化，是学校中除显性体育课程之外的所有体育文化要素。

（2）隐性体育课程较为偏向于非学术性，但它并不完全排除学术性的内容，例如课外体育活动、体育科普读物、体育宣传等，其内容明显具有学术性。

（3）隐性体育课程必须是有目的的规范设计的。它作为体育课程的一部分，应有明确的目的指向性，其作用范围和施加影响必须按照一定的体育教育目的和培养目标进行规划设计，使之处于意图性和预期性的状态。只有这样，才能称为隐性体育课程。

2. 隐性体育课程的作用

合理有效地进行隐性体育课程的教育，对于贯彻素质教育，提高体育教育效果具有重要的作用。

（1）通过实体性和非实体性的学校体育文化、学校体育精神给学生传授体育思想、体育价值观念，激发学生的体育学习动机，并提高学生的体育学习积极性。

（2）多渠道地给学生传授体育知识、技能，全面提高学生的体育素质和健康水平，弥补显性体育课程的不足。

（3）促进学生形成良好的体育锻炼习惯，建立健康的生活方式，为学生形成终身体育锻炼的行为奠定基础。

（4）培养学生的心理品质，特别是培养学生的性格、气质、动机、爱好、情绪等非智力因素，促进学生人格的全面发展。

3. 隐性体育课程的教育设计

隐性体育课程要有效发挥其固有的功能，不能是随意的或自发的，而应在分析与掌握隐性体育课程的构成要素的基础上，按照一定的教育设计原则进行科学、合理的教育设计。

（1）隐性体育课程的构成要素

隐性体育课程即校园体育文化的构成要素，主要应包括以下内容。

①按照体育教育目的及其具体化的体育教学目标选择的不指向体育学科内容的实体性体育精神文化，包括学校图书馆的体育类图书、报纸、期刊，以及由社会传入学校，经教师指导、选择的体育图书、报纸、期刊等。

②按照体育的教育目的及其具体化的体育教育目标创造的非实体性的体育精神文化。一是体育制度文化，主要包括学校的有关体育规章制度、体育管理体制、教师的体育道德规范、师生的体育活动行为要求等；二是非制度体育文化，即包括学校领导对体育教育、体育活动的认识和重视程度，对体育教育的工作方式和工作作风，教职员工的

体育意识、体育价值观念、体育锻炼行为方式，以及体育活动的风气与习惯等。

③按照体育教育目的及其具体化的体育教育目标建设的学校体育物质环境构成的体育物质文化。校园体育物质文化包括学校体育场馆建筑、布局，学校体育的设备条件，体育雕塑、体育宣传标语、条幅，师生的体育运动服装等。在隐性体育课程的构成体系中，校园体育的物质文化和实体性体育精神文化都是有形的，而非实体性的体育精神文化是无形的，隐性体育课程的结构就是有形和无形的多种体育文化要素的有机结合。隐性体育课程的三大要素之间相互渗透、相互影响、相互促进，以此形成结构复杂的体系。

（2）隐性体育课程的设计原则

①一体化原则：设计时，必须考虑学校、社会和家庭三种环境对学生的多种影响，把多项因素统一起来进行一体化设计。

②协调优化原则：构成隐性体育课程的因素是复杂多样的，在设计时应将各种因素合理去组织安排，使之协调一致，处于优化的状态。

③增强特性原则：为了更好地形成特定的学校体育氛围来对学生施加影响，以达到预期的目的，应有意通过增强或突出隐性体育课程中的某些特性，因人、因事、因地、因时做出安排与调整。

④适应性原则：应充分考虑不同年龄阶段学生的身心发展特点和需要，融娱乐性、思想性和知识性为一体，促进学生的身心全面发展。

⑤控制转化原则：设计时，应对各种外来的体育信息进行有效的控制和正确的引导，消除不利因素，强化积极有利的因素。

⑥因校制宜原则：设计时，应根据学校的客观条件，因校制宜，充分发掘和利用学校自身的优势，设计适合本校实际情况的体育隐性课程。

七、教师如何当好体育课的导演

体育课上的气氛是学生在体育课中情绪情感等心理特征的综合体现，它与课上的教学内容、教学方法以及教学条件有十分密切的内在联系。当教学内容符合学生的特点（包括学生的年龄、性别、生理、心理特点），教学方法就能够激发学生的练习兴趣。教学条件完备，学生学习的情绪就高，收效也就越大，这时体育课上就容易形成生动活泼的气氛，而生动活泼的气氛是提高体育教学质量的重要因素。由于形成体育课堂气氛的因素是多方面的，且课堂气氛是受教学内容的制约，它是在教学过程中形成的，是比较客观的，所以要想人为地控制课堂气氛，使体育课上呈现出生动活泼的场面，就必须找出形成课堂气氛的各种因素。要做到这些，体育教师可从以下几方面入手。

1.要善于调整变换课堂气氛的节奏和韵律

根据我国体育课堂的结构（四个部分），在课堂开始时可安排游戏式的小型比赛，来活跃课堂气氛。这类提高兴奋性的活动，时间不宜过长，运动量也不宜过大，只是为了提高学生上课的兴趣和适应性。当进入体育课的准备部分后，应把重点放在徒手操上。徒手操不单是为基本部分的内容做好准备活动，它是一种全身性的活动，锻炼价值比较高。教师应结合学生的年龄、性别、生理和心理的不同特点以及教材的内容，认真编写徒手操或其他准备活动的内容。编排要富有趣味，以提高学生的兴趣，活跃课堂气氛。当然，还要具有一定的生理负荷量，来适应基本部分的需要。基本部分是体育课的主要部分，因此课堂气氛也应随运动量的增大而逐渐热烈。

当体育课的运动量达到最大时，其课堂气氛也应最为活跃。当体育课进入结束部分时，应辅之以放松性的练习，多做些协调放松的游戏性活动。这样不仅能缓解课上造成的疲劳，同时还能为下节课的活跃气氛打下基础。根据体育课的结构和教学内容，一堂课的活跃气氛最好出现 4 ~ 5 次，基本部分的气氛为全课的高潮。

2. 体育教师应掌握心理学知识

体育锻炼的动力是由学生的动机引起的。它的心理成分一般包括学生对体育锻炼的认识（形成学生间接动机的主要因素）和对体育活动的兴趣（形成学生直接动机的主要因素）。学生学习的直接动机的形成主要依赖于兴趣。比如，当学生看到在教师的带领下一些学生正在高高兴兴地进行游戏或比赛时，会使他们情不自禁地产生与之一起学习或一起活动的要求，即直接的学习动机。这种动机是暂时的，一旦满足了学生的暂时需要之后，就会消失。教师要利用这种暂时的学习动机，在学生进行感兴趣的活动的同时，对他们进行体育锻炼的目的性教育。当学生了解了体育锻炼的好处，就会更加主动地进行体育学习与锻炼，那种暂时的直接的学习动机也会转变成间接的学习动机。根据学生不同的兴趣、爱好，教师可以采用各种方法激励学生克服困难，增强学习的信心，使其掌握一些难度较大的技术动作。根据心理特征的形成和发展的规律，教师可针对学生不同的特点进行品德教育，帮助学生形成良好的个性特征，克服不良的个性特征。总之，教师掌握心理学知识，摸清学生在体育课上的心理特征与变化规律，会使自己掌握教学的主动权，并有效地控制课堂气氛，为提高教学质量创造十分有利的条件。

3. 灵活运用多样的教学方法和手段

体育教学中采用的教学方法，应根据学生的特点而定。一般来说，让学生用固定方式练习传接球，就不如用活动的方式传接球的兴趣浓厚，学习单一动作就不如学习联合动作积极，让学生在弯道上进行弯道跑技术的练习就不如以十字圆周接力的游戏方式练习弯道跑技术的积极性高。总之，当教材内容固定后，教师要努力研究教学方法的多样性。多样的教学方法不仅可以激发学生学习的兴趣，使体育课的气氛生动活泼，而且能有效地促进学生身体的全面发展。

4.教师要充分发挥自己的主导作用来调动学生上课的积极性

（1）教师在课堂上的言行要有鼓动性和启发性。

（2）教师的表扬与批评要适度。

（3）教师的表情及口令要富感染力。

八、在体育课堂开设"超市"

在体育教学中，如果教学的要求相对统一，学生对教学内容的掌握情况相对一致，那么，采用完全整齐划一的集体授课形式，效果比较明显。问题是，体育教学的课堂教学要求并不总是整齐划一的，学生学习或复习某些教学内容的时候，其准备状态和已有基础也并不完全一致。在这种情况下，课堂教学就应该是在集体教学的背景下，教师向学生提供足够多的"超市货物"，充分发挥学生的主体性，让学生自主地选择学习的内容、方法、步骤。学习动作的一般步骤是教师先示范、讲解动作要领，学生按照教师的要求、步骤去练习，然后，教师再去纠正学生的错误动作。这种传统的教学步骤，使得教师主宰了整个课堂，而学生自主学习的权利则相对被剥夺了，学生的个性，特别是创新思维的发展也在一定程度上被扼制了。那么，在学习动作阶段，是否可以开设一个"超市"呢？回答是肯定的。例如，一位教师在引导学生学习接力传接棒技术时，只提到了这样一个问题："大家思考并且实践一下，在迎面和同向接力中，怎样交接才能做到既快又稳呢？"它给了学生一个比较宽松的自主选择的范围，能诱发全体学生参与学习的积极性和创造性，从而使一个人人都能参与、个个都乐于参与的课堂教学新格局得以形成。其间，教师的主要任务只是对学生的理解和感悟做出相应的启发、指导和帮助。事实证明，开设这样的"超市"，能够引发学生积极主动地思考，充分发挥学生的想象力，发展学生的创造性思维。

在复习课的教学中，我们发现复习动作对学生来说，并不全是没有掌握动作方法。有的学生已经会做，而且也做得比较好了，但是在实际的教学中，许多教师往往会忽略这一点，而采用"一刀切"的形式进行教学，让全班在同一起跑线上，按照一定的程序进行复习。殊不知，如此教学不仅会浪费时间，还会使学生感到索然无味。但如果在教师引导之下，在课堂中开设"超市"，让学生能自主选择学习的内容，各取所需，这样不仅把有限的课堂教学时间还给了学生，还激发了学生自主学习的热情。

体育课的素质练习，一般都是教师安排某一固定的练习项目。如练习上肢力量，学生一起做俯卧撑多少个；练习腰腹力量，学生一起做仰卧起坐多少个；等等。这种教学方式忽视了学生之间的个体差异和学生的兴趣爱好，学生没有选择的余地。因此，可以这样安排：教师选择多种训练上肢力量或腰腹力量的项目，让学生从这几个项目中任选一个项目进行练习，运动量以达到自己最大强度的百分之多少来确定。学生选择自己喜爱的练习项目进行练习，运动量由自己掌握。学生自己从"超市"中选择内容，其练习的兴趣将会大大提高。

体育课的准备活动是体育课必不可少的一部分，一般都是由教师带领学生去做，形式单调、内容枯燥。学生常常对其中的内容不感兴趣，教学的效果往往不佳，同时也影响了学生整堂课的情绪。对此，可以设立一个"超市"，让学生根据本课的教材内容、教学目标，自由地、有针对性地选择内容、方式进行练习。例如，让学生自由选择准备活动的内容（如徒手操、游戏等）；打破固定分组的形式，学生自由组合进行练习；自由编操，自己喊口令；等等。这样不仅可以调动学生学习的积极性，还能提高学生练习的兴趣和锻炼的实效。

体育课的结束部分，学生的生理和心理都已疲劳，但每个学生的疲劳程度却不尽相同，如果教师还硬要学生按照统一的动作进行放松整理，那就不一定是放松了。教师在体育课的结束部分，可以安排一段音乐，让学生根据音乐（或不根据音乐）来自由放松，可以采取单人、双人、多人、男女混合等多种组合，选择多种练习的内容。学生在这样的环境下，才能获得真正意义上的放松。在课堂上开设"超市"，不能简单地理解为在体育课中给学生安排一定的自由练习时间，或放手让学生自己去练，学生爱怎么练就怎么练，更不是要重新回到"放羊式"教学的老路上去，而是适应素质教育要求采取的一种新的教学模式，强调学生的主体作用，绝不是要降低教师的主导作用。教师在上课前一定要吃透教材、吃透学生，并精心安排教学内容，设计教学程序。在上课时，要注意对学生进行启发、诱导和点拨，并鼓励学生能大胆地去选择、去发现、去感悟。只有这样，学生的主体作用才能真正得以发挥，才能真正体现健康第一的指导思想。

第六章 学生体育课程改革的成果研究

对于现代体育教学而言，其改革与创新的一项主要研究成果就是体育有效教学、体育正当教学。近些年来，在体育教学的领域中，人们对体育有效教学、体育正当教学投入的人力、财力、物力、关注度还是很大的。笔者在本章内容中会针对体育有效教学、体育正当教学的一些理论与实践以及体育教学的有效性和正当性等方面进行阐述。

第一节 体育有效教学

体育有效教学是指要根据体育教学目标、体育教学思想、体育教学方式、体育教学方法和手段，以及体育教学评价，对体育教学所取得的效果进行综合考量的一个综合性指标。体育有效教学是现代体育教学改革创新研究中较为抽象的理论研究，为了使其能够更好地对体育教学实践提供必要的指导，因此，对体育有效教学进行研究和讨论是非常有必要的。

近几年来，教育界各个学科都对"有效教学"给予了高度的关注，并围绕"有效教学"进行了有针对性的研究和讨论。而在现代体育教学中，"有效教学"是作为新词语被引入的。随着我国体育教学课程改革的不断深化，广大体育教师对"体育教学"给予了极大的关注。但就目前关于体育有效教学的研究来看，对体育有效教学的研究并不是那么深入。由此可知，现代体育教学课程改革中仍非常欠缺体育课堂教学中有效教学的理论研究。

一、体育有效教学的概念

20 世纪上半叶，西方在教学科学化理论中对于教学效能核定的强调是有效教学这一理念的来源。而对于有效教学的含义，西方学者对其的解释可以概括为成就取向、技能取向和目标取向。而我国国内的学者对有效教学的含义有着不同的解释。可以将有效教学界定为通过树立较为先进的教学思想，并将所有的教学策略和教学艺术进行综合利用，从而将这种先进的教学思想转化为能够促进师生协调发展和不断超越的教学形态，以达到好的教学目标的教学过程。

通过对有关有效教学的不同概念和内涵来看，其争议的焦点主要在于教学是以"教师为中心"还是"以学生为中心"。"以教师为中心"对有效教学来进行界定的人主要是根据教师在教学过程中的行为来对有效教学进行刻画的，他们常常更多地关注教师对教学目标的把握、教学程序的安排、教学方法和教学手段的运用、教材的处理、教师所具有的教学功底及教学效果等；而"以学生为中心"对有效教学进行界定的人更加注重"以学论教"，他们侧重于从学生的角度来对课堂教学进行考察，如学生是否理解知识；学生的思维是否积极；学习资源是否适合；学生是否能够主动、积极地参与学习，是否能够与其他同学进行良好、有效的互动与交流；学生是否形成了良好的习惯，是否能够进行学习反思；学生在学习过程中是否获得积极的情感体验等。

综上可知，在现代体育课堂教学过程中，有效教学的宗旨在于保证在"将学生作为中心"的思想下体育教与学的互相统一得到充分展现，如果情况相反的话，即在对有效教学进行讨论的过程中，将教与学分开进行探讨将会得出不准确、不恰当的结果。因此，在剖析、界定体育有效教学的时候，必须要从体育教师的教与学生的学两个方面出发，也就是探讨体育教师具体实施的教学行为与学生改变的运动行为。

作者对于体育有效教学的概念进行了一系列的界定，具体内容：所谓的体育有效教学，通常是指在体育教学相关实践活动进行的过程中，由于体育教师在体育教学管理、体育教学组织方法、体育教学策略、体育教学方法、体育教学手段，以及学生体育运动技术学习、运动技术练习等方面积极投入，使体育教学取得良好效果的教学活动。

二、体育有效教学的策略

（一）提高"学情分析"的有效性

由于没有对教案的设计做出统一的要求，也没有制订统一的格式，各地的教案有很大的区别，形式多样。关于一些教学设计和教案的"学情分析"，有的写得较为详细，有的则没有对这部分内容做出描述。在体育课堂教学中，"学情分析"是设计课堂教学必不可少的重要内容。这是因为体育教师在体育课堂教学中所运用的教学策略在很大程度上是与学生对教学内容的了解程度、掌握程度，以及对教学内容的兴趣等有着很大的联系。而很多情况下，体育教师都是站在自己的角度来对体育教学进行设计，并没有对学生的真实情况进行深入的了解，因此所获得的教学结果是非常低效的，甚至与课前所预期的教学结果差别很大。

从学习原理层面而言，学情因素主要包含多个方面的内容：（1）每一个年龄阶层学生所具备的不同心理特征。（2）每一个年龄阶层学生生理特点与身体素质的差异。（3）

主要的基础是学生开始学习之前已经掌握的运动技术。（4）班级课堂的教学气氛。（5）关于体育活动兴趣方面，不同性别的学生所表现出的不同之处等。

以"某年级篮球运球与接力跑"教材内容为例，对进行学情分析，主要内容如下：

（1）了解该校、该年级学生（男生和女生）的身体素质情况（主要是与篮球和接力跑相关的身体素质，如速度、反应性、灵敏性和弹跳力等能力）。

（2）了解该年级某班学生（男生和女生）对篮球运球和接力跑的兴趣情况，若学生对于接力跑教学内容不感兴趣，那么教师就要通过对教学方法和手段进行创新来激发、调动学生的兴趣。

（3）了解该年级某班学生（男生和女生）的原地运球情况。

（二）"教材分析"的有效性得到提升

在体育课程课堂教学实践活动开展的过程中，必须使教师对体育教学所用教材的分析能力得到加强，这一点是非常重要的。然而在体育课程教学的实际操作中，大多数体育教师在编写教案的时候，通常不够重视这一关键性的环节。在有机结合体育教学过程以后，体育教师在分析体育教学所需教材的时候，应该对以下多个方面的因素进行充分考虑。

1.分析体育教学的教材

分析体育教学的教材，就是整体地分析体育课程教学的所用教材。以挺身式跳远为例，助跑、起跳、腾空、落地是挺身式跳远的四个主要环节，每一个环节之间都有着非常紧密的联系，如助跑为起跳奠定基础；起跳的主要目的就是获得一个垂直向上的速度；腾空的主要作用就是为了达到一个最远的距离，尽量将身体伸展开；落地的主要作用是为了避免受到损伤，在落地的过程中增加身体缓冲。

2.分析教材在教学中的课次和重难点

绝大多数的教师为了能够方便自己，往往只是简便处理教案，把对教材的分析当作新授课。然而，如此一来，也只会模糊了单元的总课时，不能很好地把握住体育教学的重点与难点。通常来讲，如果存在不同的单元总课时，那么每一次的课堂教学也就自然会存在不同的重难点，例如，在足球运球过人的教学单元中，4课时和3课时，在对教学中重点和难点进行确定、对教学目标进行制订，以及配置教学方法和手段等方面都有所不同。这就要求体育教师在编写教案的过程中，既要对不同单元教学的总学时进行明确，同时也应说明某课的课时。在通常情况下，为了更为简明地进行表述，教材单元教学的总学时和课次通常用"4-2"的形式来进行表示，其中4表示该教材的单元教学总学时，2表示该教材单元教学的课次，即第2次课。以蹲踞式起跑为例，如果本单元教学总学时为6课时，那么各个课时的教学内容可以进行如下安排。

（1）第1课时：可以安排助跑练习，并对起跳方式进行介绍。

（2）第2课时：助跑与起跳技术环节相结合。

（3）第3课时：助跑与起跳技术环节相结合。

（4）第4课时：腾空技术环节的教学。

（5）第5课时：落地技术环节的教学。

（6）第6课时：进行完整的蹲踞式起跑练习。

在这6节教学课中，应该将第2、4课时作为该教材的技术核心内容进行重点教学，第2、3课时是同样的教学内容，第4课时"腾空"能够对"助跑与起跳的结合"的成效进行检验。这些所说的重点就是指该教材单元教学的重点。如果某教材单元教学只有一节或两节课，也就是说，该教材单元教学内容较为简单，容易学习，那么就可以确定每节课的教学重点与难点了。

（三）提高体育教学目标设置的有效性

在现代体育课程教学开展过程中，存在四个主要目标，分别是运动技能目标、认知目标、情感目标与体能目标。其中，体育课程教学的重要目标是运动技能目标，之所以这么说是因为运动技能目标能够将体育课程教学的学科特点充分体现出来，而其他的目标都是围绕运动技能目标展开的。而在这里所说的其他目标，主要有情感目标、认知目标、参与目标、体能目标、社会适应目标与心理健康目标，等等。

针对整个体育课程教学的目标体系展开分析可以得知，体育教学目标自身存在着很大的复杂性，因此，在制订体育课程目标的时候，也应该充分考虑与课程相关的其他层面的因素，例如，单元教学目标、水平目标、课堂教学目标、领域目标、体育课程目标与学校体育目标，等等。在上述的这些目标中，在各个层次目标中拥有最小单位的是课堂教学目标。因此，对于体育课程教学目标而言，其逻辑的起点应该是体育课的类型与体育教材的性质。

1. 根据体育教材的性质制订体育课堂教学目标

从体育教材的性质来看，在制订体育教学目标的过程中，需要重点考虑的两个因素是体育教学的深度与运动技术的含量。体育教学的最本质的特征就是进行运动技术教学。运动技术含量的高低不同，所制订的教学目标也是不同的。对于那些有较高运动技术含量的体育教材而言，运动技能目标则可以代表教学目标，如足球、网球等运动项目运动技术含量较高；而对于运动技术含量较低的教材来说，教学目标主要就是锻炼学生的身体、体验运动的乐趣等，如跑步、基本体操等运动项目运动技术含量较低。

在制订体育课堂教学目标时，仅仅考虑运动技术含量因素是非常片面的，除了此项因素外，还应该对体育教学的深度进行考虑。有的教材只需要做简单的介绍，有的教材需要进行深化教学。毛振明根据教材内容的不同，将教学内容分为简学类、体验类、锻炼类、精英类等教学内容。对于简学类、体验类的体育教材，由于学时所限，只需要进行简单的教、粗略的学就可以了；对于锻炼类的体育教材，一般来说，并没有技术含量，可以一边教一边学习，也可以自学；对于精英类的体育教材，具备相对较高的运动技术含量、较大的体育教学难度，同时对于学生对教学内容的掌握也有一定的要求，因此，在开展教学的过程中应该做到透彻、深入且细致。

2. 根据课程的类型对不同的教学目标进行分析

课程的类型主要有新授课、复习课、考核课、理论课等对于理论课而言，其教学目标应该是介绍与体育、健康相关的故事、知识；对于新授课而言，其教学目标应该主要介绍运动技术，同时要初步尝试此项运动；对于复习课而言，其教学目标应该主要改进与提升运动技术；考核课的教学目标主要是对学生掌握运动技术的质量进行检查。

3. 设置体育教学目标还应与学生的特点、学校的条件与硬件设备等相结合

学生的特点、学校所具有的硬件设施与条件等都与体育教学目标有着非常直接的联系。在制订学校体育教学目标时，如果脱离学校的实际情况，就会陷入主观主义。因此，作为一名体育教学工作者，要对学校的实际情况、学生的实际情况等深入地进行探究，切实做到有的放矢，进而促进体育教学有效性的提高。

4. 要关注体育教学评价的可行性

体育教师对学生学习和掌握的运动技术情况做出即时评价有着非常重要的意义，并且这也直观地体现了体育学习的特殊性。只有体育教师正确地反馈学生的信息，才能够顺利实现教学效果，所以，在体育学习的过程中，其体育教师应该及时地对学生的行为做出判断与评价。需要注意的是，必须要保证反馈与评价信息的及时性、准确性与真实性。体育课堂教学目标要具有可操作性和可评价性，这也是目前体育教师在制订教学目标时所遇到的最大问题。只有做到教学目标具体化、明确化和细化才能解决这个问题。而要做到这一点，体育教师就必须要正确地体育教材分析与理解，并对体育教材中的重难点运动技术、关键技术及运动技术的要领进行把握。

（四）提高体育教学方法有效性

体育教学方法常常被拿来与学法、教学手段、练习方法等混为一谈。需要注意的是，在教师与学生的各种各样的互动中，必须要存在一定的教学过程。

在对体育教学进行设计的过程中，不可能，也没必要将所有的教学方法都罗列到体育课堂教学中。这就要求体育教师按照自身的特长、学生的具体实际、所要教授内容的特点与教学用具等因素，选择相宜的教学方法，将这些教学方法穿插在体育课堂教学中，并根据不同的教学进程使用这些教学方法。

在体育教学中，练习方法与教学方法容易相互混淆。在体育教学的过程中，需要将

多种教学方法融会其中。同时，需要注意的一点，那就是在安排各个练习的时候，必须要有一定的顺序，而这个顺序就是所谓的练习步骤，也就是在设计体育教学方案时学生进行练习的环节。一般来讲，练习步骤里面会将许多练习包含其中，同时，不同的练习运用不同的练习方法，或者说同样的一个练习能够运用不同的练习方法，而这些练习方法不能简单地理解成教学方法。

为了更好地提高教学方法的有效性，在体育教学中应注意根据以下几个方面来选择教学方法。

1. 根据不同的学习阶段选择

对于不同学习阶段，体育教师应采用不同的教学方法。在选择教学方法时，遵循的总原则是在运动技术学习的前期阶段要以教师的教法为主，所采用的教学方法应该是直观的、具体的、生动的、形象的，这样才能更好地帮助学生建立正确完整的运动技术感知觉；而在运动技术学习的后期阶段或学生的自我练习阶段要以学生的学法为中心。

2. 根据学习内容的性质选择

学生所要学习的内容的性质不同，所采用的教学方法也应不同

3. 根据体育课堂教学中学生出现的问题选择

在体育课堂教学中，常常会出现以下无法预料的问题，如学生意志上的问题、思想上的问题、运动技术上的问题等，当这些问题出现时，体育教师要根据问题的性质，灵活应变，并采用正确的方法及时应对，这样才能变被动为主动，变无序为有序，从而获得良好的体育教学效果。例如，在学生出现怕苦、怕累、不愿练习的情况时，体育教师不能采用强硬的态度，如谩骂、训斥等，要耐心地与学生进行沟通，只有这样学生才愿意与体育教师合作，配合完成教学，从而顺利地完成具有较大难度的教学任务。若学生对所学运动技术细节产生困惑时，体育教师要运用一些技术教法来帮助学生解决这些技术难点。

4. 根据课内和课外的不同要求选择

体育教学方法除了可以在体育课堂教学中运用外，还可以在体育课外活动和其他形式的体育活动中广泛应用。在开展体育教学课堂教学时，教学方法应以教师的教授方法和学生的学习方法为主。在体育课外互动中要以学生的自我锻炼和自我学习为主。

5. 根据不同的教学对象选择

从年龄层面看，年龄较小的学生，由于他们比较缺乏抽象思维能力，所以在体育课堂教学中要采用以"教师为主"的教学方法。随着学生年龄的不断增大，其抽象思维能力等也会逐步得到建立和加强，体育教师在体育课堂教学中所采用的教学方法应从以"教师为主"逐渐过渡到发挥学生主体作用上来。

6.根据体育教师所擅长的教法选择

体育教师不可能是各个方面都十分了得的全能人才，然而，正是因为每一个教师之间存在不同而使得体育教师存在独特性。例如，在学生的思想工作方面，有一些教师非常擅长；在学生体育学习兴趣激发与调动方面，有一些教师比较精通；在运动技术的教学方面，有一些体育教师深谙此道。所以，体育教师是不需要在体育教学的具体实践中按部就班地教学。有句话总结得非常到位，即"教无定法"，体育教师只需充分发挥自己的才能，运用自己的经验、方法和特长，使体育教学方法的独特效用得到完整的展现。

（五）提高体育教学手段使用的有效性

在体育教学中，体育教学方法与体育教学手段也经常被混为一谈，这在基层体育教师编写的教案中表现得尤为突出。从教学理论的角度分析可以得知，"手段"是一种物质性的能够看见的标识，而在手段被使用以后操作程序就是"方法"，因此，排在"方法"前面的是"手段"。但是，在难度问题上，不同的运动技术存在的差异性也很大，所以，就直接导致教学手段的复杂性程度也是不同的。对于运动技术的某些细节，体育教师就需要展开探索，充分了解运动技术的难点与重点，进而促进一些特殊体育教学手段的构思与设计，这样才能更好地实现有着较大难度的运动技术教学目标。

体育手段应用的特殊性可以作为一项重要的评价因素，用来衡量体育教师的教学水平、教学经验与教学效果。一般来讲，如果体育教师的教学经验比较丰富，那么他们就会通过自制的简单教学器械与现有的场地器材来设计教学手段，这些教学手段往往比较新颖，让人耳目一新，所获得的教学效果也较好。例如，在练习前滚翻时，一些体育教师会通过运用下下颌夹纸片、红领巾的教学手段，来解决学生低头含胸的问题；通过双膝夹纸片的教学手段来解决学生的双腿并拢问题。再如，在学习排球垫球的技术时，体育教师通过自制"套手套脚"的橡皮筋，让学生能够对垫球的准确位置与肌肉的本体感觉有一个真实的体会等。

（六）提高组织的有效性

在明确体育教学目标，并配置良好、有效的教学手段与教学方法后，接下来便是组织学生进行有效的身体练习。体育教学的组织形式同体育教学的管理之间存在一定的联系。从体育教学的组织形式上来讲，全班教学和班内分组教学是体育教学较为传统的组织形式，其中班内分组教学又可分为两种，即分组轮换教学和分组不轮换教学。其中，分组轮换教学又包括了多种不同的形式，例如，先分组后合组、先合组后分组、两组一次不等时轮换、两组一次等时轮换、三组两次轮换，等等。除了上述的这些情况以外，也存在着其他的一些分组教学形式，例如，同质分组、异质分组、帮教型分组、友情分组，等等。

教学组织形式主要是指体育课中分组教学的情况、学习和练习的次序、队伍调动的形式与线路等。应根据具体的教学内容、练习要求、场地器材的特点、学生对运动技术的掌握情况、班级人数等来确定体育教学的组织形式。对学生的练习来进行合理的组织是体育教学组织的主要目的。通过合理的组织，减少队伍调动的时间，为学生参与到运动技术的学习和练习中争取更多的时间，从而使学生更好地掌握运动技能。

在体育教学中，选择以何种形式进行分组时要遵循以下几个原则：

1. 根据现有的场地器材进行分组

在选择分组的形式时，学校现有的场地器材是其中不容忽视的重要影响因素，它会对学生的运动负荷和练习的密度产生影响。当学校的场地器材比较充足时，可以将学生分为多个小组来进行练习；当学校的场地器材不足时，可以采用多人小组的形式，同时减少调动队伍的次数，缩短时间，提高练习的速度，以此来更好地提高练习的次数和效果。

2. 根据课的结构进行分组

在进行分组时，课的结构对其形式有着决定作用，如在课的开始阶段和准备阶段，为了更好地传达出教师的指示，让学生更快地明确本次课的教学意图，就必然要采用集中练习的方式；而在课的中后阶段，由于该部分学生要进行各种练习，教师要将学校现有的场地器材充分利用起来，让学生在短时间内投入到运动练习的过程之中，这就需要体育教师进行合理的分组，巡回指导。

3. 根据学习能力的差异进行分组

在体育教学中，要将以学生为中心的思想充分贯彻到教学过程中，就必须对学生的实际情况进行充分考虑。而贯彻"以学生为中心"这一思想与原则的最好途径就是在体育教学过程中，根据学生的特点来进行合理分组。这主要是由于学生在体质、学习进度、学习能力等方面存在差异，倘若不进行合理的分组，这对于那些学习体育较为困难的学生来说是不公平的。

（七）提高场地器材布置的有效性

场地器材设施的布置问题在体育课程教学的实践活动中很难得到应有的重视。尽管在体育有效教学方面，场地器材的布置也不会发挥任何的作用，但是，它在体育有效教学的实践过程中仍旧承担着一定的责任。对于体育场地器材的布置而言，同现代的时尚装修是比较接近的，合理、科学地应用各种各样的材料、颜色与线条，不同程度地改变学生的学习场所，进而有效激发学生的体育学习热情，提高学生的学习注意力。

在对体育教学场地器材进行布置时，必须要始终坚持以下几个原则：

1. 场地器材的布置要符合美学的效果

对物体的空间特性展开反映的知觉，被称作空间知觉，主要包括了四个方面的内容，分别为：大小知觉、形状知觉、深度知觉、方位知觉等。

（1）大小知觉：通过视觉、触摸和动觉来对物体的大小进行判断。

（2）形状知觉：通过视觉、触摸和动觉来对物体的形状进行判断。

（3）深度知觉：通过视觉、触摸和动觉来对相对距离进行判断。

（4）方位知觉：对物体所处的位置，如前后、左右、上下、东、南、西、北等进行判断。

在体育教学过程中，所使用的体育场地和器材都涉及合理设计与布局的问题。如果场地器材的布置能够使学生产生良好的直观印象，从而使学生的学习兴趣得到无意识地激发。

2. 场地器材的布置要符合体育课堂教学内容的特点

对于场地器材布置而言，其最终的目的在于有效地完成体育教学内容能，顺利实现体育教学目标。所以，如果体育教学内容不同，那么就需要进行不同标准的场地器材布置。

首先，为了能够使体育教学内容的相关需要得到满足，就需要配置相应的场地器材，例如，如果教学内容与足球有关，那么就需要足球、球门和足球场等；如果教学内容与篮球有关，那么就需要篮球、篮球架、篮球场地等；如果教学内容与网球相关，那么就需要网球、网球拍、网球网、网球场等。其次，在基本场地器材满足的情况下，还要有一些辅助性的场地与器材。这些辅助性的场地与器材没有固定的样式，主要与体育课堂教学中教师所采用的教学方法和教学手段密切相关，例如，在排球垫球技术教学开展的过程中，满足了基本场地器材要求以后，有一些体育教师需要一面墙壁，而有的教师则需要数个箩筐来提高垫球的准确性。再如，跳远教学除了基本的场地器材满足外，有的教师需要高处场地（空中动作所需），有的教师需要气球、带颜色的线条、标枪与橡皮筋、低跳箱等。

在对体育场地器材进行合理布置上，还应将学生的安全放在重要的位置上，在练习的过程中要保证学生的卫生和安全。体育教师对于场地器材布置的安全卫生原则必须要有深入的了解，而这一点也是体育教学中所坚持的"健康第一"指导思想的核心所在。需要注意的是，无论对场地器材如何利用、布置，都需要对这个条件进行满足，从根本上来讲，这也是安全第一、以人为本的基本要求。所以，在体育课堂教学开始之前，对于教学过程中可能用到的场地、设施、器材，体育教师必须要认真检查，看是否存在破损的情况，并对破损的场地、器材进行及时的修理或更换，以避免发生事故。另外，还要重视体育课堂教学的卫生条件，这主要是因为体育活动的本身就是为健康服务的，倘若把教学现场弄得尘土飞扬，不仅不能促进学生的健康，反而会对学生的健康产生不利的影响。

（八）提高运动负荷与练习密度预计的有效性

通过体育课程的改革，对于运动负荷与练习密度的重要性有了重新的认识，在认识的层面上产生了质的飞跃。在运动负荷与练习密度实施的具体过程中，需要对以下几个方面的内容进行明确。

1.对运动负荷与练习密度进行合理安排

通过合理地安排运动负荷与练习密度，更好地推动学生身体的有效发展。诸多实验证明，当人们从事的运动心率超过180次/分的时候，就会不利于健康。所以，运动生理学家认为，人体运动强度价值阈的上限就是180次/分。而对于那些尚处于身体发育阶段的学生群体来说，体育课运动负荷的安排必然要低于180次/分。这就需要对学生的生理负担量进行评定来制定合理的运动负荷与练习密度。

2.对固有的运动负荷与练习密度进行调整

运动负荷大小的影响因素很多，并且在不同的课型、教学目标、教学内容、年龄、性别、体质状况、气候条件等情况下应安排不同的运动负荷。但为了使学生能够掌握必要的运动技能，促进学生身体的可持续发展，就需要在教学设计的过程中对原有的运动负荷进行调节。其调节方法主要有单教材和双教材两种，具体如下。

（1）单教材

所谓的单教材调节法，主要是指单教材同辅助专门练习的相互集合。如果该教材存在较低的运动心率，那么就可以对同教材相关的、具有较高运动心理的专门性练习和辅助练习进行适量的安排，同时，通过练习条件的改变来调整运动负荷。如果该教材的运动心率较高时，则不安排辅助练习。

（2）双教材

所谓的双教材调节法，强调的是教材的搭配，当其他搭配条件被认真考虑以后，具有较低运动心率的教材应与运动心率较高的教材进行搭配，也可通过改变练习的条件来对运动负荷进行调整。

3.关注和重视学生的差异性

一方面，对于全班学生的实际情况，体育教师应该详细地进行了解，如果某些学生具有疾病隐患，特别是心脏异常、血压偏高的学生，所做的调查则需要更加的详细，同时，还要将记录做好，真正做到了然于心。另一方面，在体育教学实践活动开展时，对于这一类的学生，体育教师应该将运动负荷适当降低，以避免出现不必要的伤害事故。

4.采用定性与定量相结合的方式进行评价

心率是衡量体育课运动负荷的重要指标，但并不是唯一的指标。体育教师还可以通过观察学生的神情、面色、呼吸、出汗量、注意力、行动等其他途径来调节学生的运动负荷，在反馈和调节运动负荷方面，上述的这些途径能够发挥出十分关键的作用。

（九）提高体育课堂教学气氛调节的有效性

体育教学也是一种双边活动，需要体育教师和学生的共同参与才能够实现。在体育教学实践活动的开展过程中，体育教师与学生不仅是主要的活动参与者，还占据主体地位，可以说课堂教学行为的构成离不开其中任何一方的支持。因此，对融洽的师生关系进行构建，使教师和学生之间、学生和学生之间的情感交流得到加强，营造良好、和谐的课堂教学氛围，能够更好地促进教学效果的提高。此外，学生是否对体育课感兴趣，学生对体育教师的喜爱程度在其中起着很大的作用。一个幽默风趣、自信乐观、独有强烈事业心、激情澎湃、善于关爱与关心学生的体育教师，在体育课堂教学氛围的调节方面也一定是擅长的，其能够营造和谐、融洽、愉悦的体育课堂氛围，这也是"有效教学"实施的重要保证。

第二节　体育正当教学

一、体育正当教学概述与内涵

（一）体育正当教学概述

就有效教学的正当性来说，肯尼斯·斯特赖克认为，课堂教学除了保证有效性外，还应当是道德的或正义的。例如，在教学过程中，教师通过采用强制或压制的方式来将有效的影响施加给学生，可以说此种教师的有效性是可能存在的，但是，能不能被称作正当的体育教学？或者是在体育课堂教学中，教师为了使学生能够有效地获得其所期望的教育结果而采用对学生身心健康造成损害的方式，这种有效的教学是否能够被称为正当的呢？在体育课堂教学中，体育教师通常只会将更多的关注放在具有较好运动成绩的学生上，而对于那些运动成绩较差的学生，体育教师只会投入较少的关注，更有甚者会置之不理，此种教学方式在整体教学效率提升方面可能会是有效的，但是正当与否是不能确定的。

综上所述，从上面的几种情况可以得知，有效的教学并不一定是正当的，而正当的教学也并不一定是有效的。由于体育课程教学有着鲜明的特殊性，这就使得教学正当性的问题在体育课程教学中显得非常重要。要想进行有效的体育课程教学，就必须对体育有效教学与体育正当教学的关系进行正确处置。换句话说，在追求体育教学有效性的同时，体育教学也应体现人文关怀和人文精神。

在体育教学过程中，对体育正当教学应给予重视和关注的原因主要有以下几个方面：

1. 体育教学的有效性忽视了人的主观能动性

从体育教学有效性的相关概念中我们可以得知，体育教学的有效性强调的是追求体育教学的经济学价值，但是，在体育教学活动中，人们对参与活动的主观能动性却不够重视。我们都知道，体育教学活动的参与主体是几个，而不是一个，即一个体育教师和多个学生。在体育教学活动过程中，体育教师与学生、学生与学生之间的交往、互动存在其中，在这些交互的过程中，对于活动的结果来说，人的主观能动性会在其中发挥很大的作用，对活动结果产生影响。而若是在认识体育教学的效果时，只是从经济学的角度出发，那么就会忽略在体育教学实践过程中人所起到的巨大作用。这就要求我们在对体育教学的有效性进行思考的时候，还要考虑人的思想、情感、行为和意志等活动。换句话说，考察同人们气息有关的活动能不能与以人类经济为基础而建立的社会伦理道德相符合。由此可见，对体育教学有效性问题的思考要站在体育教学伦理性的角度来进行，即体育教学的正当性。

2. 体育教学并不是完全预设的

体育教师在对体育教学进行设计时，预设因素在其中发挥着重要的作用，如体育教师的备课及一些课前准备工作等在整个的体育教学过程中有着不可替代的作用，但这些是完全不够的。体育教学是"生成的"，其生成性就在于"预设只是一种可能，只是一个构想，也就是说，这种预设可能在体育教学实践中出现，也可能不会出现"。这主要是因为无法完全并准确地对将要发生的体育教学情境进行设计，而已经发生了的教学情境也不可能完全恢复到原来的面貌。由此可知，体育教学的有效性过于注重体育教学的预设性，而忽视了体育教学过程中正在发生的教学情境，这就导致了机械教学观的产生。

3. 体育教学活动具有复杂性

与以前的"师徒传授"形式有着本质的区别，体育教学活动有着很大的复杂性。在体育教学实践活动中，它由以往简单的"一人对一物"逐渐转化为"多人对多物"。仅仅站在"经济学角度"来对体育教学的有效性进行认识，教师的作用在其中得到重点突出和强调，这是以"教师中心论"为模板的教学思想，其对于体育教学实践活动的特殊性不够重视。在整个体育教学实践活动中，体育教师与学生在进行语言交流的同时，也会通过身体语言进行直接或间接的交流。当然，学生和学生之间的互动与交流也是同样频繁的，在他们之间不仅存在身体的直接性接触，还会进行学习与模仿，这一点是通过互相观察来实现的。在体育教学的实践活动中，上述的这些交往形式的特殊性直接决定了体育教学过程具有多变性和不可预测性，这就要求我们必须在对体育教学正当性进行考查的前提下，来对体育教学的有效性进行强调。

（二）体育正当教学的内涵

所谓的体育正当教学，主要指的是，在体育实践教学开展的过程中，教师的体育教学行为与实践活动作为一种属性，应该能够满足人类基本道德的要求。

关于体育正当教学的内涵，从其内容上进行探讨主要由以下几个方面的内容构成。

（1）体育正当教学的有效开展，需要建立在法律要求允许的基础上，体育有效教学开展的最基本要求就是具备一定的合法性。如果想要保证体育教学的正当性，不遵守法律的相关要求也是不行的。这也要求，在体育教学相关实践活动开展的过程中，体育教师应该关注学生接受教育的各种各样的权利，给予他们充分的尊重与照顾。

（2）体育正当教学的有效开展，还需要在伦理道德要求允许的范围内。针对每一个社会成员，伦理道德都存在相对应的特殊要求。同时，这些伦理道德要求的表现形式通常是一些道德准则的方式。社会的基本道德原则也可以变成体育教学的基本道德准则，例如，公平公正原则、诚实守信原则、尊重生命原则、向善原则，等等。在道德的问题上，体育教学应该对学生的发展起到一定的促进作用，督促学生向一个有道德的人发展。

（3）正当的体育教学应该具有一定的公平性特征。公平的体育教学则是指在体育教学开展的过程中，即便学生在运动基础和运动成绩等方面表现出差异性，体育教师也应该坚持平等对待原则，真正做到一视同仁。对于那些运动成绩不理想的学生，体育教师不能对其放弃教育，也不能由于学生的品行不好，而表现出差别对待。

（4）在体育正当教学开展的过程中，学生应该是一种目的，而不是一种手段的存在，而被用来达成其他的外在目的。正因如此，体育教学的正当性，首先就表现在体育教学实践活动开展的整个过程中，切实地落实学生的主体地位，充分地尊重、爱护学生。

二、体育正当教学开展的策略

（一）对于体育教学实践活动开展过程中，每个学生的正当性权益做出保证

在学校教育中，体育科学的重要性是不可忽视的，为了能够使人才全面发展的最终目标得以实现，体育离不开德育、美育和智育之间的有机结合。因此，体育课程是学校教育中的必修课程，换句话说，每一个学生都有权利参加体育课，对于学生参与体育活动，体育教师也没有禁止的权利，对此一些体育法规的相关规定也很明确。然而，在体育教学的实践活动中，由于对此类问题还不够关注和重视，或者是体育教师没有足够的专业化程度，有的人甚至觉得在学生可不可以参加体育课的问题上，让体育教师存在直接的决定性作用。

另外，还要对做好学生的思想工作，激发他们体育活动的参与兴趣，使他们乐于上体育课，可能有一些学生由于身体的某些原因而不能顺利上体育课，对于这些学生，体育教师应该将见习工作安排好。同时，在体育活动开展的过程中，如果有的学生不能对活动规律进行遵循，那么体育教师就应该循循善诱，耐心地劝解他们，充分利用自身的智慧与良好的教学方法对学生进行影响与感染。

（二）对体育差异性教学开展的正当性做出保证

对任何的一门学科而言，在其开展教学活动的过程中，因材施教是最基本的教学原则，同时也是最重要的教学原则，这一点也同样适用于体育教学的整个过程。在体育教学实践活动开展的过程中，若是学生在层次方面、班级方面处在同一水平，那么他们可能没有太大的智力差异，然而，表现出较大差异的可能就是身体素质和运动技术方面的水平与能力，鉴于此种情况的存在，学生运动技术学习速度快慢的差异就这样产生了。从这里我们可以得知，体育教学作为一门特殊学科，始终坚持因材施教的重要教学原则。

为了能够使体育教学的有效性得到提高，体育教师的关注点与重点通常只是具有较快体育学习速度的学生，而从体育有效教学的角度上而言，这样的教学方式属于一种不正当的有效教学方式。体育教师可以通过对差异性教学方式的应用来顺利解决这样的问题，适当地关注那些具有一定学习困难、学习速度相对较慢的学生。只有这样才有可能使体育教学效率受到一定程度的影响，所以，体育教师应该对体育教学的正当性与有效性的尺度严格把控，保证二者恰当的尺度，在保证体育教学有效性得到提高的同时，还要促进体育正当性的产生。在体育教学分组的时候，还应该根据学生的身体素质、兴趣爱好、运动能力与技术水平等因素，科学合理地安排，对分层次教学实施，这一点也是实施差异性体育教学的重要手段。

在体育教学过程中，同样的技术错误与问题并不是所有的学生都会遇到。而在体育教师向全体学生实施同样的教学方法与教学手段的时候，当体育教师实施的体育教学方法被学生广泛使用以后，在改进运动技术方面，有一些学生也获得了理想的成果，因此，可以说此种教学具有一定的正当性；然而，有一部分学生的运动技术可能没有改进，反而在对运动技能进行理解和操作的过程中出现了很多错误，那么这种教学就是不正当的。

（三）确保体育教师领导作风的正当性

在家庭教育中家长的行为与作风，会在一定程度上影响学生，父母的教养态度在一定程度上会对儿童的性格产生影响。

德国心理学家勒温是团体动力学的创始人，他以时间研究作为理论依据，同时按照不同方式的影响力发挥与行为权利，可以将领导进行三种类别的划分，即放任型领导、专制型领导、民主型领导。美国心理学家李克特将领导方式分为协商式民主领导、慈善式集权领导、参与式民主领导、剥削式集权领导四类。根据领导者所具有的特征可以将领导分为以上几种类型，这也说明了领导所具有的人格的不同，其管理方式与作用也会不同。

就体育课程教学来看，体育教师就是其中的领导者，体育教师除了具有企业领导者相同的特征外，还有一些独有的特征。体育教师虽然是体育教学的组织者、实施者和管理者，但他们所具有的职权是受到限制的。另外，体育教学活动是一个双向的过程，并且在这种双向互动的过程中体育教师和学生是互为联系、始终存在的。体育教师是体育教学过程的设计者、实施者，因此，他们的一言一行始终会影响学生的身心发展。

（四）确保教学比赛与运动游戏的公平性、公正性

从本质上来讲，对于体育竞技活动而言，其所涉及的竞技比赛活动都应该始终坚持公正性与公平性，这一点也是体育精神的核心价值所在。然而，与体育竞技运动不同的是，体育课堂教学往往是在一种不够正式的情境中来对比赛活动进行组织与开展的，关于比赛规则，每一个运动员或者每一个学生了解得不是很多，导致违反规则的行为经常出现。例如，在接力跑比赛开展的过程中，教师的开始命令还没有下达，有的学生就已经开始跑了，甚至是没有达到要求的距离就往回跑，接下来的同学未与前一名同学击掌就开始跑等。如果体育教师不能及时地纠正这些比赛行为，往往会导致比赛场面与次序出现混乱，使得教学比赛丧失公平性和公正性。

另外，在体育教学分组方面也能体现出体育教学的公平性。例如，在小学水平2的教学比赛活动中，根据常规的分组教学形式，体育教学将所有学生划分为四组，男生两组，女生也两组，在这样的情况下，比赛的结果是显而易见的，那就是男生肯定会快过女生，并且两组男生中，拿第一的一定是具有较好素质的那一组。这种现象在现代体育教学中较为常见，但并不是正当的，因为对于已经知道结果的比赛，比赛变得索然无味，学生也很难提起兴趣。相反，如果在比赛中，体育教师能够将一个"或然性因素"加入其中，例如，将一个猜拳的环节增加在队伍的前面，如果想要通过关卡，就需要打败对手，这就使得比赛结果有了悬念，这不仅能够极大地激发和调动学生的兴趣，还能进一步地加强体育教学的有效性。

第三节　体育教学的有效性与正当性分析

在现代社会中，各个行业都将"质量与效率"作为追求的目标。而在整个人类社会中，教学作为一个特殊的实践活动，同样具有提高教育质量与效率的性质。近年来，有效教学也得到了教育界各学科领域的广泛关注。

在体育教学中，伴随体育课程改革的逐渐推进，体育教学的有效性也越来越被体育教师广泛重视。由于有效体育教学理论非常欠缺，导致在体育教学实践中出现了一些偏差，这就需要对体育课堂中有效教学的理论问题和实践思路进行探究。

一、进一步明确体育教学有效性的内涵

"有效性"这一概念是从经济学中产生并沿用而来的。但是，体育教学的有效性概念与经济学中所提及的有效性概念，从本质上来讲是不一样的。在体育教学实践活动开展的过程中，对于体育教学有效性的具体数据我们不能够精准地用公式计算出来。究其原因，主要是由于我们生活的世界是由物质构成的，物质是人所面对的主要对象，但在体育教学过程中，人（学生）是人（教师）所面对的主要对象。所以，我们应该科学合理地区分体育教学和其他类别的物质活动，针对体育教学有效性的相关问题展开研究是十分必要的。在体育课堂教学开展的过程中应在"教"与"学"相统一的条件下对体育教学有效性进行讨论。反之，如果在对有效教学进行讨论的过程中割裂教与学，就不能够获得理想的效果。因此，在认识体育有效教学的时候，应该从两个方面的内容出发，即教师实施的教学行为与学生改变的运动行为。具体来讲，主要指的是在对教学方法、教学策略和教学手段实施、组织教学管理的过程中，教师对于上述几项内容所做出的有效行动，以及在对运动技术进行学习的过程中，学生所表现出的"健身、学会、学乐、学懂"。

使体育教学有效性得到提高的要求主要有以下几个方面：

（1）提高教材分析的有效性。

（2）提高学情分析的有效性。

（3）提高体育教学目标设置的有效性。

（4）提高体育教学方法配备的有效性。

（5）提高体育教学手段使用的有效性。

（6）提高身体练习形式组织的有效性。

（7）提高场地器材布置的有效性。

（8）提高运动负荷预计的有效性。

（9）提高体育课堂教学气氛调节的有效性。

二、进一步明确体育教学正当性的内涵

体育教学的有效性在体育教学中被提到过很多次，而体育教学的正当性则相对较少。在体育教学中，由于某一个指向某一目的的教学行为往往会对学生的其他方面造成一定影响，在体育教学活动开展的过程中，体育教师的一言一行都会影响到学生，可能是积极的影响，也有可能是消极的影响，这就使得体育教学的正当性成为一个不容忽视的事实。有效的价值取向通常会导致体育教师更加关注教学本身，更加明确实现体育教学目标的意义，但是，随之而来的是对于因此而出现的种种影响不够重视，进而导致一些有效的体育教学活动向不正当的体育教学转变。综上所述，针对体育教学的有效性与正当性问题的讨论是非常必要且重要的。

一般来说，即便体育教学是有效的，但也可能不是正当的，然而，即便体育教学是正当的，但也可能不是有效的。体育课程教学相比其他课程教学有着较为明显的特殊性。教学的正当性问题在体育教学中的重要性就显得尤为突出。从体育教学正当性的层面而言，体育课程教学通常会在以下几个方面将其特殊性体现出来。

（1）在体育课程教学开展的过程中，学生参与体育学习活动的正当性权益。

（2）体育教师领导作风的正当性。

（3）尊重学生的个体差异，实施差异性教学的正当性。

（4）体育教学比赛与运动游戏的公正性、公平性。

三、体育教学有效性与正当性的关系

体育教学的有效性与正当性是一种辩证统一的关系。体育教学有效性的重要基础就是体育教学的正当性。对于体育教学的正当性而言，体育教学的有效性是其关键所在。但仅仅重视体育教学的有效性或正当性都是不合理的。

在具体的体育教学实践活动中，一般来讲，体育教学的有效性和正当性会有几种不同情况的表现，即教学正当但低效、教学有效但不正当、教学有效且正当、教学不正当且低效。

（一）将体育教学正当性作为体育教学有效性的基础和前提

在体育教学的实践活动中，关于体育教学有效性的概念则过分强调其经济学价值，而对体育教学实践活动中人们参与的主观能动性重视程度却不够。在体育教学活动中，存在多个主体，而不是一个，也就是说，在一个完整的体育教学活动中，是具有多个学

生和一个教师；存在的交往关系，有教师和学生的交往关系，也有学生和学生的交往关系。若是在认识体育教学效果的时候仅仅从经济学的层面出发，那么对在体育实践活动中人所发挥的作用重视程度会降低。所以在考虑体育教学有效性的时候，还应该考查人们思想、意志和情感等方面的活动，换句话说，在人类经济基础上建立的社会伦理道德能否同人类的生活相适应。而所谓的体育教学的正当性，究其实质就是从体育教学伦理学的层面上出发，从而对体育教学的有效性进行考查。人的"互交"作用在体育课程教学的实践过程中表现得尤为显著。教师和学生间不仅仅存在一定的语言直接交流，还会有直接或者间接的身体语言交流。同理，学生和学生间的交流也是十分频繁的，他们之间在有一定的间接或直接身体接触同时，彼此会利用互相观察来展开学习。对于体育教学的整个过程而言，这些较为特殊的体育活动形式势必对其不可预测性与多变性造成一定的影响。所以，在对体育教学有效性进行强调的基础上，还要对体育教学的正当性进行考查。

（二）在体育教学有效性层面实施体育教学的正当性

在体育教学的诸多因素互相作用的过程中，我们这里所说的因素主要有体育运动器材、体育教学内容、教师和学生，等等。首先，体育教师要对体育教学的正当性进行考虑，也就是从学生主体性的角度对体育教学活动与体育教学的伦理性规律是否相符进行考查。其次，在此基础上对体育教学的有效性进行考虑。这也就意味着在重视体育教学正当性的基础上，还要使体育教学的有效性得到最大限度的提高。在贯彻体育教学思想、选择体育教学内容与教学方法、制定体育教学目标、甄选体育教学评价方法等方面，教师要考虑这些因素同学生的学习基础、学习兴趣、学习动机是否相符，在体育教学过程中，在保证体育教学正当性的前提下，要充分发挥出体育教学的效率，从而使体育教学的有效性得到提高。

（三）把握体育教学正当性的达成途径

对于体育教学而言，其正当性同自身伦理价值之间的关系是非常紧密的。所以，学生的主体性与师生交往的互动性构成了体育教学正当性的逻辑起点。首先，在体育教学开展的过程中，学生会将不同的情感与情绪表现出来，可能会影响体育教学效果，影响可能是积极的影响，也可能是消极的影响。所以，在体育教学过程中，一方面，不能放松管教，使他们为所欲为，以使体育课堂教学呈现出"放羊式"。另一方面，不能谩骂、侮辱、殴打学生，对学生进行身心攻击，甚至使学生产生心理阴影。

在体育课堂教学中，体育教学的有效性和正当性是其中两项不可或缺的因素，体育有效教学开展的重要基础就是体育教学的正当性，而体育教学正当性的关键内容就是体育教学的有效性。体育教学正当性与体育教学有效性之间的关系是辩证统一的，对于现阶段对体育教学有效性给予重视的情况能够起到一定的警示作用。要在不违背体育教学伦理性原则的前提下，追求体育教学的经济学效益。体育课堂教学的最高境界就是要贯彻正当、有效的体育教学。

第七章　高校课程改革的发展研究
——以体育田径课程为例

在高校田径教学中，课程改革是非常重要的一方面。只有不断吸收先进的课程改革理念与方法，调整和完善田径运动教学课程，才能促进高校田径运动教学的发展，进而促进我国整个田径运动水平的提高。

第一节　高校田径课程改革的现状研究

目前，从总体来看，我国大部分高校都开设有田径运动课程，并且取得了一定程度的发展和进步。但也有一部分高校由于各方面原因并未开设本门课程，这需要引起这些高校相关部门及领导的重视。

一、当前高校田径运动课程改革的总体状况分析

据调查发现，田径课在我国 90% 的高校中为必修课，只有个别的学校将田径课作为选修课，或者将其安排在其他体育课程项目中进行学习。随着我国高校体育教学改革的逐步深入，田径运动课程设置也发生了很大程度的变化，田径运动课程淡出了必修课，而且有不少学校取消了田径运动课程。究其原因，大致是田径课程教学内容过于竞技化、教学方法单一、运动训练无味、考核标准缺乏针对性等。

（一）高校体育教学未开设田径课程的状况分析

高校体育教师及其行政管理者是实施田径课程的实践者和验证实践效果的见证者，同时也是体育教学的引导者、促进者、管理者。通过具体的调查和研究能分析出这些学校不开设田径课的原因。

对不开设田径课程的学校调查发现，大部分体育教师认为，田径课程选课人数少、枯燥无味。另外，也有很多教师认为田径课程教学模式单一、无创新，可用其他体育项目课程代替等。

除此之外，学校有关领导也认为田径课程太枯燥无味，选课的人数太少，教学模式

单一、无创新，学生怕苦、怕累等，这都是田径课程取消的重要原因。

一些高校并未开设田径课，其主要原因是学生选课的人数太少，田径课枯燥无味，教学模式单一、无创新等。这表明，田径课程本身就存在一定的不足。高校田径教学要得到进一步的发展，就必须进行课程改革。另外，认为田径运动可用其他体育项目代替，则充分说明了高校课程设置对田径运动的价值挖掘不够，田径运动技术教学偏重于竞技性而忽视了健身性。以上这两个方面的问题，是目前高校田径教学课程设置改革所需要重点考虑的问题。

（二）高校体育教学开设田径课程的状况分析

1. 田径课程开课形式

通过对开设有田径课程的部分高校教师的调查显示，高校一年级开设必修课比例较高，开设选修课比例较少。

另外，对部分开设有田径课程学校的学生的调查数据显示，在开设田径课的高校里，除学校开设的田径运动必修课学生不得不选外，在选修课中仅有极少的学生选择了田径课。也就是说，高校若不开设田径运动必修课，很少会有学生主动选择学习田径运动课程。

2. 田径课程学时数状况

高校田径运动课程的开展以学时为划分，因而田径课程教学时数是课程设置的重要内容。有调查指出，高校田径运动一般设短跑、接力跑、中长跑、跳远、推铅球等项目，学时数一般为 12 ～ 20 学时，每个项目的平均时数则不超过 5 个学时。有很多学校每周开设 1 次田径课，共 2 学时。由此可见，我国大部分高校的田径课程设置学时数偏少，并不能满足田径运动技术技能的教学需要。另外，通过调查理论课与实践课的课时安排，绝大多数的高校每学期只有 2 学时的理论课，更有少数高校每学期仅仅有 1 学时的理论课。由此可见，在高校田径课程设置中，理论与实践内容课时安排存在不合理的现象。运动实践需要以理论知识作为指导，因而不能轻视理论知识的教学。相关调查资料显示，高校体育教师多数认为田径运动课程设置理论与实践教学内容课时比例应该为 3 ∶ 7。

3. 田径课程教学理论课状况

在教育部 2002 年印发的《全国普通高等学校体育课程教学指导纲要》（以下简称《纲要》）中明确指出："（高校）重视理论与实践相结合，在运动实践教学中注意渗透相关理论知识，并运用多种形式和现代教学手段，安排约 10% 的理论教学内容（每学期约 4 学时），扩大知识面，提高学生的认知能力。"但是大部分开设田径运动课程的高校，对理论知识教学并不重视，田径课程教学理论课现状具体分析如下。

（1）田径课程教学理论课内容分析

有调查指出，高校田径运动理论知识教学以田径运动简介、田径运动特点及锻炼价值、现代田径运动发展趋势等方面为重。这样显然不能满足田径运动理论知识的教学需要。根据《纲要》的思想指导，高校田径运动理论知识教学应该坚持"健康第一"的指导思想，遵守体育课程建设的客观规律，针对本校实际开设田径运动理论课，使学生能接受更多的有关田径健身功能的知识，以加深对田径课程的理解，使他们在潜移默化中对健身产生需要和渴求，激发他们主动学习的情感，培养他们获取田径运动文化知识的能力，增强他们因身体健康需要而参加田径锻炼、进行田径学习的动力。

（2）田径课程教学理论内容授课形式分析

有高校田径理论课的授课形式的调查报告指出，集中授课是高校田径运动最主要的授课形式。

几乎所有开设有田径课程的高校都会采用集中讲授理论知识的形式，然而有一小部分学校，会采用专家讲座、看录像等授课形式。集中授课的教学形式是比较传统的教学形式，容易导致学生被动学习，影响学生学习田径的积极性。因而在高校田径课程设置中，应该适当调整授课形式，多运用一些新方法，如多媒体教学，制作大量的动画、图片等课件，拿国家或国际优秀运动员的录像给学生观摩等。这样才能调动学生学习的积极性，让学生主动参与到田径运动学习中来，提高教学质量。

（3）田径课程教学理论考核形式分析

对教学内容进行理论考核是非常有必要的。理论考核不仅能检查学生的理论知识水平，也能检验教师教学质量，还能查验出学生学习的不足之处，这对学生把握今后的学习方向有重要作用。

根据一些开设田径运动的普通高校调查结果显示，田径理论课程考核多采用闭卷与开卷两种考核形式。这两种考核形式，则有利于督促学生阅读和理解教材。该形式的缺点在于，试题由教师整理，这样很可能脱离学生的实际情况。因而高校田径理论课教学考核，可以采用一些新的方法，如课堂提问、作业、阶段考查积分等。

4.田径课程教学技术理论课状况

（1）田径课程技术教学的内容分析

我国高校田径课程技术教学的内容主要是短跑（接力跑）、中长跑、跳远、铅球、跳高、跨栏跑、标枪等，掷铁饼、链球等项目课程开设较少。我国高校田径课程主要开设的项目，能在一定程度上满足高校学生发展跑、跳、投的能力。但是深入分析项目的技术与教学，则会发现一些问题，如课程内容设置偏旧、简单化，不能将技术与学生身体素质相结合等。另外，也没能拓展项目与其他运动项目及相关知识的联系。在这种情况下，高校田径运动实践教学内容就比较单一、片面、枯燥，不能调动学生的运动积极性。

（2）田径课程技术教学组织形式、方法及手段分析

技术教学组织形式、方法及手段是高校田径运动课程教学开展的基础，教学内容的

选择、教学组织形式的安排和教学方法的运用等合理与否，在很大程度上影响田径运动教学效果，因而在高校田径运动课程科学设置中应该引起特别重视。

体育课程教学组织形式是指为实现体育课程教学目标，根据教材内容特点、学生具体情况、教学环境而合理采用的教学方式。《纲要》中指出："根据体育课程的实际情况，为确保教学质量，课堂教学班人数一般以 30 人左右为宜。"有关调查表明，我国高校田径技术课教学班有 46.43% 的上课人数为 25 ~ 30 人，与《纲要》要求基本相符，这也能保证学生有充足的场地器材和较多的训练机会。另外，教师也能较好地照顾学生。在调查数据中，也有接近 10% 的高校田径技术课人数超过 30 人，这显然不太合理，因此一些高校在田径课程设置中，应该注意控制上课人数。

在高校田径课程教学中，教学方法和手段是教师教与学生学的桥梁，若没有科学的教学方法与现代化的教学手段，就很难保证获得良好的教学效果。就目前高校田径课程教学的情况来看，田径课程技术教学的方法和手段存在一定的问题，如比较陈旧、单一、缺乏创新等。这些问题，也是一些学生不喜欢上田径课的原因之一。

（3）田径课程技术教学内容考核评价分析

技术教学内容考核评价与理论教学内容评价一样，是田径课程教学中不可忽视的。我国高校田径课程技术教学内容考核主要以"技评＋达标"和"达标"两种方式为主，其将运动成绩作为考核和评价的依据，以运动素质代替身心素质，这脱离了体育教育的主要目标。

用统一标准来评定学生田径运动技术学习成绩，并不能合理反映出每一个学生的学习态度和进步幅度，因而未能根据实际情况来对每一个学生进行评价。《纲要》中明确指出，学生的学习评价应是对学习效果和过程的评价，主要包括体能与运动技能、认知、学习态度与行为、交往与合作精神、情意表现等。然而，在高校田径课程技术教学内容评价设置方面，要适当变革，其可以采用学生自评、互评和教师评定等方式进行。并且要注意的是，评价中要淡化甄别、选拔功能，强化激励、发展功能，重视学生的进步幅度。另外，还要重视评价信息的反馈，以帮助学生了解今后的学习方向。

5. 田径课程教学教材状况分析

教材是教学活动实施的基础，是教师教学和学生学习的主要依据。高校田径课程教学不能离开教材，其是向学生传授知识、培养能力和思想品德教育的载体，因此教材对田径课程设置有重要的意义。

（1）教材选用情况。有调查显示，我国高校近 40% 采用全国统编教材，约 20% 采用自编教材，20% 左右的高校统编教材与自编教材相结合，还有一部分高校并无专用教材。这个数据表明，有不少高校不能根据本校的情况合理适配教材。[a]

---

a 叶铁桥. 开掘真相 中国青年报"特别报道"精选 3. 北京：语文出版社, 2015.

（2）教材适用情况。有相关调查资料表明，高校体育教师中有 14.29% 的人认为所用的田径课程教学教材非常适用，而有 46.43% 的人表示所用的教材大部分适用，32.14% 的人表示教材适用情况一般。另外，还有 7.14% 的教师认为高校田径课程教学教材不太适用。除此之外，根据对统编教材有无必要的调查数据显示，认为很有必要的教师占 32.4%，认为较有必要的占 39.9%，认为一般的占 16.7%，剩下的则认为不太有必要。由上面的两份调查数据分析可以看出，我国高校田径课程教学的教材整体上是适用的，但是部分高校田径课程教学为了满足学生发展的需要，应该对教材应用进行合理的改革，构建有高校特色的、适合学校实际情况的田径课程新体系。

6. 田径课程教学场地、器材状况分析

对于高校田径课程教学来说，场地、器材是教学课实施的基本保障。如果没有充足的场地、器材，田径课必定难以取得理想的效果。我国高校体育教育的相关部门一直以来就重视体育设施和场地、器材的建设，因而我国高校田径课程教学的场地、器材设施还是比较良好的。通过调查显示，近 80.11% 的高校场地、器材能满足高校田径课程教学使用。对于一些场地、器材难以保证田径课程教学正常开展的高校，应当加强场地、器材的建设。另外，也要注意的是现在高校招生规模的急剧扩大，体育教育教学改革也在进一步深化，这两方面将会对田径课程教学场地、器材提出更进一步的要求。

从整体上来看，我国高校田径课程设置有一定的缺点存在。通过调查显示，70% 的高校行政管理人员认为田径课程设置比较合理或者还算合理，也有 30% 左右的行政管理人员认为不太合理。因而调查结果也表示出我国高校田径课程设置目前还不太令人满意。另外，通过调查发现，目前高校田径课程设置中存在的主要问题在于：田径课程涉及面较窄，较少联系其他课程；田径必修课程结构单一，学习训练也较为枯燥；田径课程教学项目缺乏特色和弹性，教学内容陈旧，与中学学习内容几乎相同；高校田径课程教学比较重视竞技性，轻视健身性等。因而，在高校田径运动课程改革中，应该重点考虑这些问题。

二、高校田径运动课程改革面临的困境

在我国高校体育教育的历史上，田径运动课程曾一度是高校体育教学大纲的主要内容之一。在传统高校体育教学中，田径运动课程所占比例很大。1961 年和 1979 年，国家教育行政部门先后颁布了两部《高等学校普通体育课教学大纲》，这两部大纲对田径教学内容都有一定的规定和要求。田径被看作体育运动项目的基础，田径项目价值和意义重大，因而在高校体育教学中应该占据重要地位。其规定在普通高校体育教学中，田径总学时数最多，占总体育教材的百分比也最高，其比例分别是 28% 和 24.3%。传统高校田径运动课程教学中，一直注重学生的身体素质达标和竞技技术水平评价这一层面，从而在一定程度上忽视了学生的心理健康，也比较忽视对学生终身体育意识、健身习惯和健身兴趣等方面的培养。随着我国社会、经济、教育等的发展，我国高校体育教育也进行了长时间的深化改革。并且在改革中，教育部提出高校教育教学改革是核心，教学内容和课程体系的改革是教学改革的重点和难点。在我国高校体育教育教学改革的过程中，随着《全国普通高等学校体育课程教学指导纲要》的出台，各高校开始根据其对体育课程教学的指导思想和要求及本校的实际情况、学生的体育学习需要着手编写大纲和教材。这些体育教学大纲和教材重视学生运动兴趣，开设了多种运动项目以供学生选择，几乎都采用"三自主"（学生自主选择课程内容、自主选择任课教师、自主选择上课时间）的体育课程模式。这种高校体育教育教学模式相对于传统的高校体育教学来说，有着明显的优势，不仅能够拓展体育课程的时间和空间，而且还能够扩大学生选择体育课程的自由度，发展学生的运动兴趣。但该模式在实践过程中，也显现出了一定的问题。选课制教学形式在高校体育教学中的实施和推行，使得学生有权根据自身的兴趣和需要来选择体育教学内容。这样一来，如健美操、武术、乒乓球、网球、健美运动、瑜伽、羽毛球、体育舞蹈、游泳等运动项目广受学生青睐；而作为学生运动基础的田径运动这样的传统教学内容则不被学生看重。而从当前我国部分高校田径课程教学的现状来看，其面临着前所未有的困境。近年来高校田径运动教学难有发展，不仅如此，还在逐步萎缩，甚至有从教学内容中消失的趋势。

根据一些调查统计资料显示，目前在我国高校进行的体育选修课中，学生选田径课的比例非常少。在部分高校，由于选修田径运动的学生太少，而不得已取消田径课。据孙德友、单涛等进行的相关调查显示，东北大学和大连理工大学这两所辽宁省最早实施选课制教学形式的院校，其田径教学状况：东北大学每年有 6000 余名学生必修体育课，由于选择田径课程的人数太少，不得不取消田径课程；大连理工大学每年有 6000 余名学生必修体育课，而选择田径课程的学生仅有 200 余人，占总人数的 3.3% 左右，因而也只能取消了田径课程。[a]

由此可见，我国高校体育教育改革以来，田径运动课程教学面临着巨大的压力。传统的高校田径运动课程设置束缚了其发展，必须通过一些有效的措施来解决目前高校田径运动教学所面临的困境。因此，对我国高校田径运动课程设置的现状进行分析研究，使田径课程在我国高校体育课程中发挥其应有的作用，有着重要的意义。

---

a 杜和平，葛幸幸 . 田径运动专项理论与实践 . 北京：中国科学技术出版社，2019.

第二节　高校田径课程改革的理论研究与对策

一、高校田径运动课程改革的理论基础

（一）生物学基础

在人的基本运动能力培养中，田径运动起着基础性作用，也就是说，增进人体的健康就是田径运动的基本功能之一。从这一层面上来看，田径课程改革也有着一定的生物学基础。

（1）田径运动包括走、跑、跳、投等基本技能，这些都是人们为了生存而形成的，在这个过程中人们逐渐培养起奔跑、攀爬、跳跃、投掷、搏击等徒手搏击与追逐野兽的各种技能。这些技能起初都是生存的需要，是一种本能，但是随着生产力的发展，这些活动逐渐变得有目的、有意识。随着现代社会体力劳动在生产力中的地位下降，人们思想观念、生活方式也受到了社会文化的巨大冲击，田径运动的社会角色从群体生存拓展为个体的健康本位。因此，现代社会中，在防止人类身体机能退化和促进人体健康方面，田径运动中的一些基本运动形式起着基础性的作用。

（2）人体需要不断发展，国民体质也要不断提高和改善，而长期的体育锻炼就是最有效的、不可替代的重要手段。

（3）明显的阶段性和个体的差异性是人的生长发育与整个生命过程具有的特性，进行锻炼时也要考虑多种因素，其中就包括人的年龄特征、生理特征。由于人与人之间存在不同，锻炼时必须要考虑生理的差异性，要与个人的特点相符合。

（二）心理学基础

田径课程与心理学有着密切的联系，无论是在目标的确定、内容的选择，还是方法的运用都需要心理学做支撑。我们对田径课程可以做心理学方面的分析，从中可以得到高校田径课程改革的心理学基础。从心理学的视角来看田径，第一，田径运动能使人产生成功感和愉快的体验。第二，田径运动能够促进个人的自信、自尊的培养，对紧张与焦虑情绪的缓解有着明显的作用。第三，田径运动对个性发展有着积极意义，有利于良好个性的形成。第四，学习者的动机与田径运动技能的学习效果有着密切联系，学习动机越强烈，开展体育活动和学习的积极性和主动性越高，也越能取得良好的效果，这样又能使体育学习和活动的动机得到进一步激发。第五，学生年龄不同，身心特点也会有一定的差异性，从而会对田径课程学习的内容和效果产生直接的影响。

（三）社会学基础

"只有当相继出现的经验彼此结合在一起的时候，才能存在着充分完整的人格。只有建立起各种事物联结在一起的世界，才能形成完整的人格。"这是美国教育哲学家杜威的重要观点。以此观点为依据，可以得出，要使实现整体人的发展目标成为可能，课程体系必须遵循自然、社会与自我有机统一的原则。因此，田径课程的开发，要把自然、社会与自我作为基本来源。

对于我国高校田径课程的改革来说，选择也是多元化的，这是毋庸置疑的。我国高校的田径运动课程，其目标就是使学生学习田径技术，提高运动水平，但是由于竞技项目水平越来越高，科技越来越先进，课程中的问题也逐渐显现出来，如培养目标狭隘、内容陈旧单调、方法手段枯燥、评价标准单一等。现代社会生活方式具有两面性，一方面促进了人类的健康，另一方面也在危害着人类的健康。这就要求我国的课程必须改变教育理念和方向。具体到田径课程，就要注重田径运动文化知识的传授，包括田径运动的起源、田径运动的发展和田径运动的竞技等。同时，还要强调教育过程中的社会性在高校教育中的重要地位，将社会之中的民主观念融入课程之中，使理解、宽容、同情等主体意识得到提升，发展其批判社会、服务社会的能力；在认识与完善自我中正视人的尊严与价值，培养珍视与善待生命的德行，追求个性的张扬与解放。田径课程的改革与社会文化相联系，并且受其影响和制约，它们之间的关系是相互的，社会背景也是受田径课程改革的影响。

（四）教育学基础

教师、学生和教学内容是教育包含的三个最基本的要素。体育具有丰富的内容，包括健康教育理论和教育实践内容。这也就决定了体育具有重要的教育功能，它能够向学生传授健康锻炼的技能，还能培养学生健康锻炼的兴趣、意识和习惯；它不仅能传授健康知识，还能够使学生的健康情感、健康意志及健康行为得到培养。对于高校田径课程来说，育人是最根本的目的，只有使受教育者的身心得到和谐发展，高校田径教育才算成功。这就要求高校田径教学要注重学生培养的全面性，既要重视健康文化和科学知识教学，也要重视运动能力的培养，绝对不能孤立发展体能和运动能力，要始终铭记体育不仅是"体"的教育，更是"人"的教育。在高校田径课程中，教学的过程其实就是学生的生长发育的过程。田径运动锻炼与学生的生长发育有着密切联系，两者相互促进。正常的生长发育是进行田径运动锻炼的前提，同时又是田径运动锻炼的结果。

二、高校田径运动课程改革的基本思路

现代社会是不断发展的，体育课程也处在一个不断发展和变化的过程中。在 20 世

纪 70 年代，我国的课程内涵也有了巨大的变化，各类理念也得到了拓展。课程的变化主要体现在四个方面：第一，传统的课程非常强调学科内容，变化之后则非常重视学习者的经验和体验。第二，传统的课程仅对教材这一单一要素进行强调，而现在则注重教师、学生、教材、环境四因素的整合。第三，传统的课程只强调显性课程，而现在则兼顾显性课程与隐性课程。第四，传统的课程仅强调学校课程，现在则注重学校课程与校外课程的整合。对于田径课程改革来说，首先需要正确地看待田径运动以及田径课程。将田径运动课程的改革重点定位于对田径课程健身功能的开发以及对田径课程的社会适应性的提高。因此，在全面推进素质教育的前提下，与未来教育的市场化相适应，必须大力开发田径课程的生存、生活、道德、个性等多项功能。目前，田径课程已经扩大成田径类课程，已经打破了纯竞技课程体系，田径课程体系中融入了大量的健身性内容，这在很大程度上对田径课程的内涵进行了拓展。目前，在田径课程的教育思想、课程目标、课程体系等方面，已有众多的学者进行了研究，并取得了不错的成果，如多元化、综合性、多层次的培养思想的提出和重新构建课程体系的设想。在实践课程的构建方面，学者也进行了实践课程的改革试验研究，主要集中在全面发展人的体育意识、体育能力、健康行为和健身习惯等领域，并取得了一些成果，提出了构建集竞技、健身、娱乐、健康、教育为一体的田径课程新模式的设想。

现今的田径课程在很多方面存在不足，具体则表现在以下几个方面：①田径课程目标与体育教育的目标还不协调。②田径课程目标与内容相脱节。③田径课程的实施不能适应学生的需要。④田径课程评价与实践相脱节且操作手段落后。这增加了田径运动课程改革的难度。在以上所述的几种情况下，沿用原有的田径教学大纲是不科学的。从这方面来看，我国田径运动课程改革要加大地方以及学校的自主权利，使地方的原有资源优势得到充分发挥，加强地方校本课程的开发，这也是我国田径课程改革的一个基本思路。当然，从课程发展的整体上看，田径课程本身也是在不断变动的，从目标的制订到最后的评价形成就是一个闭合的回路。目标确定则为内容的选择、组织实施以及评价打下一个前提基础，而具体的实施过程中所出现的各类情形实际上是对整个系统的一次检验和反馈，并在不断调整过程中规范整个系统。因此，我国高校田径运动课程的改革要从田径运动课程发展的整体出发，做到科学合理。

三、高校田径运动课程改革的对策

（一）深入挖掘田径运动的文化内涵

田径运动是人类文明活动的结晶，其中蕴藏着丰富的文化内涵，因此在将来田径运动课程改革中要深刻挖掘这种文化内涵，以使大学生能充分认识和了解田径运动，这样才能从根本上促进田径教学的发展。在田径课上教师要引导学生对田径运动的起源和发展有所了解，对其竞技性、基础性、健身性等文化特点有着清楚的认识，还要使他们了解田径运动课程对人的生活和工作的重要价值。

（二）加强大学生田径技能的学习

田径运动发展到现在，学习方法越来越多，现有的学习方式面面俱到，但并不能有效调动学生学习的积极性。而现实情况是通过田径教学，学生并没有有效地掌握一些田径技能，所以在实际的操作中应该以学生的不同年龄为根据，使大学生选修田径项目的课时数逐渐增加，让学生的学习需要在制度上得到保证。同时还要加强对学生的指导，不同的学段都能掌握一定的田径基本理论知识、基本技术和基本技能，并达到一定的运动技术水平，为将来终身体育锻炼打下良好的基础。

（三）打破旧有的田径课程的特性，加强改革

加强田径运动教学课程的改革，需要打破田径课程的一些旧有的特性，并突出其重要作用，主要是指打破田径课程的系统性、竞技性，突出田径运动项目对人体发展的基础作用。我国高校的田径课程大多采用行政班授课的方式，教学方式还是沿用旧有的体系，教学的内容多以竞技性教材为主。所以，现今的田径课必须对田径项目进行精选，体现田径课程对人发展的基础作用，一方面要使田径课的趣味性、娱乐性、高雅性、健身性得到充分体现，另一方面则要使学生走、跑、跳、投等基础运动能力得到全面发展，增强学生的体能，为田径类课程和其他技术的学习奠定良好的基础。

（四）培养学生主动参与田径运动的意识

教师讲解、学生模仿，这一固定的教学模式是传统田径运动课程主要采用的方法。而现有的田径课必须将教师"一言堂"的状况打破，让学生积极地参与到学习之中，同时还要培养学生的意志品质、创新能力和合作精神，通过田径课程发展其个性，促进其心理的健康发展，使学生得到全面发展。

（五）改革现有田径教学模式，构建新的课程体系

我国高校田径运动课程存在问题，与传统教学模式的运用有很大关系，因此进行田径运动课程的改革和田径教学模式的改革十分必要。具体做法是以不同对象为根据，实行必修内容与选修内容兼具的模式，打破年级、班级等限制，实行田径项目与其他项目主辅修的学习模块，随着年级的增加而逐渐增加选修项目的数量与课时数，教师在学生选课前及时提供课程设置说明和选课指导手册。通过教学模式的改革，使学生的主观能动性和创造性得到充分发挥，使他们成为学习的主体，着重培养学生掌握健身的手段与方法，在选择学习方式时应多采用研究式、探讨式、延伸式等，使学生分析问题和解决问题的能力得到提高，并注重个性的发展。

（六）加强高校田径运动课程内容的建设与开发

在高校田径运动教学中，教学内容在其中起着至关重要的作用。好的田径课程能够激发学生的兴趣，使学生能够在轻松的学习环境中学到一定的技术、技能。因此，一定要重视田径课程内容的改革。由于各个地方的情况不一，采用统一的教学内容是不现实的，因此要加大田径课程内容的开发，各个地方和高校要加强对田径课程内容的选择，克服田径课程中的"瓶颈"，简化田径规则，改造利用场地，选用多种多样的田径项目，体现田径项目的多样性、简易性、普及性和健身性。

（七）改革和创新现有的田径课程培养模式

对我国田径课程进行改革需要对体育教育专业田径课程培养模式进行改革，要以"学会生存"原则为依据，对课程内容结构进行改革，改变长期以来的以传授运动技术为核心的内容体系，构建以增进全体学生身心健康为核心，致力于学生综合能力培养的体育教育专业田径课程内容体系，从而全面提高学生的田径素质。

（八）大力提高田径教师的综合素质水平

教师是教学核心和教改的关键，教师队伍的建设和管理决定着教学质量的提高。因此，我国田径运动课程的改革要对教师进行改革，即要更新教师知识结构，提高教师的综合素质。具体途径为采取积极措施，并有计划地进行培养与提高，制订自修计划，全面提高田径教师的素质，建立完善、科学的教师监管体系。

第三节　高校田径课程建设的理论依据

高校田径运动课程的建设要有一定的理论作为依据，而这些依据主要包括田径教学系统的构成、田径教学系统的基本特点以及学生身心发展的基础等。

一、高校田径运动课程教学系统的构成要素

（一）学生

在高校田径运动课程教学中，学生是其中最为主要的要素之一。在学生这个教学对象中，既包括学生的体能结构、智力结构、体育知识和锻炼方法结构、运动技能结构、社会适应能力等要素，也包括学生个体的主观努力程度方面的要素。学生是一个既有普遍性要素，又有特殊性要素的群体。

（二）教师

教师也是田径运动课程教学中主要的要素之一，没有教师就构不成教学双边关系，也不能形成教学活动。教师自身包括诸多要素，既包括田径理论知识、运用教学媒体和教学方法的能力等要素，也包括教师的主观努力程度方面的要素。对教师集体来说，既有青年、中年和老年等要素，又有带头人、骨干和助手等要素。

（三）教学内容

田径运动课程教学内容非常丰富。在田径教学中，教学内容则主要包括健康科学知识、锻炼方法、运动技能体系，并以教材的形式体现出来。

田径运动课程教学活动的不同侧面各有很多要素。就教材本身而言，不但包括田径运动的理论知识、技能要素，还包括发展学生智力、培养体育情感、提高学生社会适应能力的要素。因此，教学内容是田径教学活动的要素之一。

（四）教学方法

教学方法是指为达到教学目的，教师所采取的方法、途径、手段、程序的总和。

在田径运动课程教学中，教学方法对提高教学的效果和质量都具有重要的意义。但需要注意的是，任何体育教学方法都不是万能的，它需要教授者切实把握各种常用教学方法的功能、特点、适用范围以及应注意的问题等，并使其在体育教学实践中有效地发挥作用。

（五）教学媒体

在田径运动课程教学中，师生交换信息时承载和传递信息的工具即为教学媒体。教学媒体不仅包括语言、动作示范等视觉要素，还包括记录、储存、再现这些符号的实体要素，如图片、模型、电视、录像、电影、电脑模拟等。

教学活动是师生间信息加工和交换的过程，离开了教学媒体和载体，信息交换就会中断，也就无法进行正常的教学活动。

总之，田径运动课程教学活动是在教学目标的支配下，由以上几个要素组成的一个具有整体功能的有机统一体。由于构成要素的素质和它们的结构各异，因而所构成的整体功能也有所差别。

二、高校田径运动课程教学系统的基本特点

田径运动课程教学系统非常复杂，它既有复杂系统的共同特点，又有教学活动自身的特点，且这主要表现在以下几个方面：

（一）整体性特点

田径运动课程教学系统是一个复杂的整体，在这一整体中，各个要素之间并不是孤立存在的，也不是简单的集合，而是为了达到教学系统的基本功能而紧密联系在一起的。

田径运动课程教学系统主要包括五个构成要素，即教师、学生、教学内容、教学媒体和教学方法。其中教师是田径知识技能和锻炼方法的传授者、教学活动的组织者，离开了教师，学生的学习就缺乏引导；而一旦离开了学生这一要素，教师也就失去了施教的对象，变成了一般的传播者；在田径教学过程中，教学内容是教师教和学生学的客观依据，要借助于某些教学方法和教学媒体来传播；教学方法和教学媒体也是相辅相成、相互关联的。

以上这五个要素构成了田径运动课程教学系统的整体，使得田径教学系统具有整体性的特点。

（二）动态性特点

田径运动课程教学系统的动态性主要表现在以下两个方面：第一，要求通过制订一系列的计划、条例、原则来维持体育教学系统的相对稳定性。第二，要适应环境变化的要求，创造出新的教学思想、教学方法、教学模式和教学媒体。只有这样，才能使教学系统的构成要素表现出一种动态的平衡，使教学系统在渐变中持续发展。

（三）复杂性特点

田径运动课程教学系统中的要素非常多，并且各要素之间都有一定的不确定性，这使得整个田径运动课程教学系统具有复杂性特点。以教师和学生这两个主体要素为例，其教与学的效果取决于各自的知识、技能、沟通技巧、身体素质水平、社会和文化背景、教与学的态度等。其相互作用则需要有一系列的教学目标、教学内容、教学原则、教学方法、教学媒体等来维系。此外，田径运动课程教学活动受天气、环境的影响，运行比较复杂，这就导致教学系统的结构和运行过程也显得较为复杂。

（四）目的性特点

目的性是指高校田径运动课程教学系统是以田径健身课程为目标的，即田径运动课程教学系统是为了向学生传播系统的田径与健康的科学文化知识而建立的，它对学生的身心发展和运动技能都有着非常大的促进作用。它明确了田径运动课程教学的目的，有利于提高教学系统的有序性，使进入教学系统的各要素具有共同的运动方向，从而能有效地实现教学系统的既定功能。

（五）控制性特点

田径运动课程教学系统既定目标的实现是需要有协调的控制机制的，因为一个系统要维持正常运行，必须对各要素进行控制。控制的基本条件是反馈，在田径运动课程教学系统中，通过教学评价为系统运行提供反馈信息，使教学系统做到有效的控制，从而实现教学的目的和任务。

（六）成长性特点

在田径教学中，需要有高水平的师资，有适应社会发展的田径课程教学内容，有体现科技水平的教学媒体，这样才能促进田径教学的发展。因此，在田径运动课程教学系统中，师资水平的不断提高，学生的不断进步，教学内容和方法的不断创新，以及教学媒体的更加多样化，都证明了田径运动课程教学系统高度的成长性特点。

（七）反馈性特点

为了让田径运动课程教学系统平衡稳定，保证其正常运转，教学系统则必须具备自我调节的能力。教学系统的反馈性是指从系统的环境中所收集到的有关系统产物的信息，特别是那些与产品的优缺点有关的信息或者由系统产生的错误所导致的信息。系统是通过反馈这一环节使自己处于一种相对稳定的状态。对于田径课程设计而言，其产品就是教学设计方案，而优缺点则是指教学设计方案的可行性如何。

总之，田径运动课程教学活动是一种社会实践活动，它不仅自成系统，而且是学校教育系统中的一个子系统。田径教学课程设计是一个复杂的系统，其受制约和受影响的因素有很多。因此，我们只有从系统理论所提供的思想和方法出发，研究其教学设计的过程，同时了解教学设计各要素的结构、功能及特点并整合各要素的功能，深入了解各要素之间的关系，并通过严密地分析和精心地策划，充分发挥各要素对课程教学设计的良性作用，才能设计出高质量的课程教学方案。

三、大学生身心发展的基础

在进行田径教学课程设置时，除了要遵循教学系统的特点外，同时还要遵循学生身心发展的基本规律，并结合学生身心发展的特点进行设置，这样设计出的教学课程才能更有利于学生的发展和教学质量的提高。

（一）学生生长发育中存在的基本规律

根据生理学理论可以得知，人的生长发育是一个连续、统一的发展过程。在这一过程中，受到各种因素的影响，如社会环境、体育锻炼、遗传、营养等，必然会产生个体的变化，但同时也遵循着共同的基本规律。青少年时期又是人体素质发育的敏感时期，在青少年时期为身体综合素质打好基础对高校田径教学具有非常大的影响。

1. 身体素质发展的敏感期

青少年的身体形态随着年龄的增长而变化，但是生长发育的速度具有一定的阶段性，并非匀速上升。青少年的身体机能发展和完善表现在骨骼肌肉系统、神经系统、呼吸系统以及心血管系统的功能变化上，各个系统的特点和功能都会随着青少年发育的不同阶段呈现出较大的差异。身体素质的发展随着年龄的增长而变化，并表现出明显的年龄特征和性别差异。

在身体素质发展过程中，有一个素质发展敏感期。研究证实，在青少年时期，身体各项素质均有一个快速发育时期，称为"敏感发育期"。这个敏感发育期按照不同素质发展规律主要有以下几个方面。

（1）速度素质敏感期：10 ～ 12 岁。

（2）力量素质敏感期：13 ～ 17 岁。

（3）耐力素质敏感期：13 ～ 16 岁。

（4）协调性、灵敏性、柔韧性敏感期：10 ～ 12 岁。

（5）反应速度、模仿能力敏感期：9 ～ 12 岁。

（6）跳跃耐力增长敏感期：女孩为 9 ～ 10 岁，男孩为 8 ～ 11 岁。

（7）背肌和腿肌力量猛增期：女孩为 9 ～ 10 岁，男孩为 9 ～ 12 岁和 14 ～ 17 岁。

（8）臂部肌肉力量增长到 15 岁就开始缓慢发展。

体形形成发育的最快时期：男孩为 11 岁、13 岁和 17 岁，女孩从 11 岁起每隔 2 年出现一个高潮。

因此，在青少年身体素质发展的敏感期，加强对青少年身体素质的锻炼是至关重要的。所以，选择在青少年身体素质发展敏感期进行锻炼，主要应注意以下几点：

（1）加强青少年身体素质发展敏感期的身体锻炼，让孩子能在进入高校前具备良好的身体素质，为田径运动技能的提高打好基础。

（2）在青少年时期，除进一步加强灵敏性、速度性项目的锻炼外，还应加强力量素质的锻炼，如引体向上、纵跳、举哑铃和投掷等。当身高增长减慢时，可逐渐增加运动负荷。

（3）耐力素质受心血管、呼吸和神经系统发育程度的制约。以肺活量来说，青春期开始以后提高得较快，16 ～ 17 岁可达最高水平，不过心肺系统从发育到健全会比其他系统晚。因此，青少年时期必须注意保护心肺系统。其运动量和强度均不宜过大，以避免产生损伤，影响运动技能的提高。

（4）注意男性与女性在发育和体形方面的差异。女性身体的发育比男性早，但素质能力比男性低。18 岁以后差异会越来越明显，因此高校大学生中男女的力量素质差距会很大。所以，女性应该抓紧"黄金"时机，在进入青春期后更要重视体格锻炼，使体态更加健美。

2. 生长发育规律与田径课程设置

田径运动教学的主要手段是学生的身体练习，教学的核心是促进学生的健康、增强学生的体能，目的是使学生全面发展。田径作为体育运动项目的基础，其课程设计就是为了最大限度挖掘教学在促进学生生长发育、提高学生身体机能、增强学生体能等方面的有效性。因此，应该充分了解学生的生长发育规律、有机体的机能特征及不同年龄阶段学生的身体素质特点，从而为具体的课程设计方案提供基础和条件。

学生的生理特点对田径课程设计有着重要影响，主要表现在以下几个方面：

（1）在分析学生的学习需要和具体特征时，尊重学生的生理发展特点，有利于我们准确把握田径课程教学中存在的问题。

（2）在分析、确定或创编田径教材内容时，要考虑学生的生理发展特点，这样可以使选择的教材内容充分发挥作用，为教学目标和任务的完成提供条件。

（3）在制订田径教学目标、选择教学策略和安排教学的过程中，应遵循学生的生理发展特点，有助于设计出适宜的教学目标、有效的教学策略及丰富多彩的教学内容。

总之，在进行田径课程教学设计时，要遵循学生的生长发育规律，重视各种规律对教学的积极影响和制约。只有这样，才能设计出真正体现新课程理念、新课程目标和任务的田径课程教学方案。

（二）学生身体机能的适应规律

人体的正常发展，是人体机能适应性规律的结果。身体机能适应规律不但能有效地增强人的体能，而且能促使机体的运动系统、神经系统、心血管系统、呼吸系统和能量代谢系统等向着有助于健康的方向发展。

1. 身体机能适应规律的过程

在田径运动过程中，学生的身体机能适应规律一般要经历以下四个阶段：

第一阶段：工作阶段，人体内各器官机能的活动和能量的合成水平提高，但体内储备的能源会逐渐被消耗。

第二阶段：相对恢复阶段，即人体机能恢复到运动前的水平。

第三阶段：超量恢复阶段，即通过休息，人体能源储备和机能都超过了原有水平。

第四阶段：复原阶段，即运动痕迹效应逐渐消失，人体机能又恢复到原有水平。

因此，依照人体机能变化的规律，在第一次运动结束后，第二次运动则只有在超量恢复阶段开始，人体的机能才能得到不断增强。

当外界环境发生改变时，机体内环境平衡被打破，体内的各种功能都要重新进行调整才能达到平衡，这就是生物适应过程。在田径教学中，学生身体机能适应规律是指学生在经历系统的田径课程教学和锻炼过程中，身体内部会逐渐产生一系列的生理性变化和物理性变化，这种变化随着教学活动和锻炼的时间推移形成量的积累，身体机能逐渐适应这种变化，随之身体机能的适应能力也不断增强。

2.身体机能适应规律与田径课程设置

田径教学之所以能通过教学活动和锻炼对学习者的有机体进行生物改造，达到增强体能、增进健康的目的，就是因为有身体机能适应规律的存在。

学生身体机能适应规律，对教学课程设计有着积极的影响，主要表现在以下两方面：

（1）教师在使用具体的教学模式、教学方法和教学手段时，应遵循学生的身体机能适应规律，使我们所选择的教学模式、方法、手段有利于促进学生体能的增强以及活动能力、健康水平和体育动作技能的提高。

（2）在进行课程设置时，准确把握学生的身体机能适应规律，有助于设置出更科学、更有效的课程方案。

（三）学生动作技能的形成规律

在田径运动中，运动技能的形成是由简单到复杂的过程，并有建立、形成、巩固和发展的阶段性变化和生理规律。

1.运动技能的基本特点

（1）后天形成。运动技能是后天习得的一些简单的或不随意的外显肌肉反应，只有那些后天学得并能相当持久地保持下来的动作活动方式才是运动技能。

（2）主动操控。动作技能的运用主要由任务所始动，人对动作技能的运用是主动的，它主要由当前的任务所始动，也就是说，当任务需要时才表现出某种动作技能。

（3）结构恒定。运动技能在时空结构上具有不变性。从运动技能的外部结构来看，应是由若干动作按一定的顺序组织起来的动作体系。任何一种运动技能都具有在时间上的先后动作顺序和一定的空间结构。动作的顺序性是不变的。

（4）运动自动化。田径运动技能是根据动作的精确和熟练程度来决定水平高低的。熟练程度越高，运动技能也就越自动化和越加完善。运动技能是通过练习从低层次的感知系统与运动系统的协调关系向高层次的协调关系发展，最终达到高度自动化和完善的熟练程度。熟练程度越高的运动技能，越能自动化地、轻松敏捷且完善地完成。自动化并非没有意识的参与，只是意识参与的程度较低。运动技能的自动化成分越大，或运动技能越完善，动作就越具有准确性，所耗费的能量也越少。

2.运动技能的形成过程

一般来说，运动技能的形成过程是一个渐进、连续的过程，可分为泛化过程、分化过程、巩固过程和自动化过程。田径运动同样如此。

（1）泛化过程。在学习任何一个田径技术动作的初期阶段，都是通过教师的讲解和示范，让学生对技术动作有一个初步的感性认识。此时，动作技术所引起的人体内外界的刺激，就通过感受器（特别是本体感觉）传到大脑皮质，引起大脑皮质细胞强烈兴奋。另外，因为皮质内抑制尚未确立，所以大脑皮质中的兴奋与抑制都呈现扩散状态，使条件反射暂时联系不稳定，出现泛化现象。这个过程表现在肌肉的外表活动往往是动作僵硬、不协调，不该收缩的肌肉收缩，出现多余的动作。

在此过程中，教师应该抓住技术动作的重点、难点进行教学。不应过多强调动作细节，而应以正确的示范和简练的讲解帮助学生掌握动作。

（2）分化过程。通过对田径技术动作的不断练习，初学者会对动作有初步的了解，一些不协调和多余的动作也逐渐消除。此时，大脑皮质运动中枢兴奋和抑制过程逐渐集中，由于抑制过程加强，特别是分化抑制得到发展，大脑皮质的活动由泛化阶段进入了分化阶段。这一过程中，大部分的错误动作得到纠正，能比较顺利和连贯地完成完整动作技术。这时初步建立了动力定型。但定型尚不巩固，遇到新异刺激，可能会重新出现多余动作和错误动作。

在此过程中，教师应特别注意错误动作的纠正，让学生体会动作的细节，促进分化抑制进一步发展。

（3）巩固过程。随着进一步对技术动作进行练习，运动条件反射系统则已经巩固，达到建立了巩固的动力定型阶段，大脑皮质的兴奋和抑制在时间和空间上更加集中和精确。此时，不仅动作准确、优美，而且某些环节的动作还会出现自动化。当受到外界新的刺激时，动作技术的稳固程度也逐渐提升。但动力定型发展到了巩固过程，也并不意味着一劳永逸。如果中断练习，动力定型还会消退，动作技术越复杂，难度越大，消退得也越快。所以，要注意在继续练习巩固的情况下不断提高动作质量，使动力定型更加巩固和完善。

在此过程中，教师应对学生提出进一步要求，可以指导学生进行技术理论学习，这有利于动力定型的巩固和动作质量的提高，促使动作达到自动化程度。

（4）自动化过程。随着运动技能的巩固和发展，练习达到非常巩固的程度以后，动作即可出现自动化现象。所谓自动化，就是练习某一套技术动作时，就可以在无意识的条件下完成。其特征是对整个动作或者是对动作的某些环节暂时变为无意识的。

一般来说，许多运动技能需要经过多年大量的练习才能达到和保持自动化的水平。

3. 动作技能的形成规律与田径课程设置

我国的新课程标准主要有五部分，即运动参与、运动技能、身体健康、心理健康和社会适应。其中，运动技能学习领域直接体现了田径运动与健康课程以身体练习为主的本质特征。运动技能也是实现其他领域学习目标的主要手段之一。因此，运动技能教学仍是田径课程教学的核心。

在田径课程设计中，运动技能的形成规律主要影响教学目标的制定、教学策略的选择以及教学过程的组织和实施。只有严格地遵循运动技能的形成规律，才能制定出准确而适宜的知识、技能学习目标，才能设计出实用性好、针对性强的教学方法和手段，也才能较好地实施和控制教学过程。因此，田径课程设计必须要遵循运动技能的形成规律。

第四节　高校田径课程内容的建设研究

一、高校田径运动课程内容的选择

（一）高校田径课程教学内容选择的依据

高校田径运动教学内容是实现课程教学目标的手段，而不是目的。而田径教学目标的多元性以及项目的可替代性，使得教师在教学内容的选择和组织上又增加了许多难度。因此，教师在选择高校田径运动课程教学内容时，一定要以教学目标为依据，在保证其内容的科学性和有效性的同时，还要对学生和社会的实际情况进行充分认真的考虑，要做到与学校整个教育目的保持一致。

（二）高校田径课程教学内容选择的来源

高校田径课程教学内容选择的主要来源有采纳、修改、参考上级课程文本的建议，以及延续、改造传统教学内容。

1.采纳、修改、参考上级课程文本的建议

（1）采纳上级课程文本的建议。上级课程文本是国家教育行政部门规定的统一课程和教学内容，它是国家意志的体现。其课程和教学内容则是专门为未来公民接受基础教育之后应该达到的共同体育素质而开发的。上级课程文本开发的主要依据是根据不同教育阶段的性质与培养目标制定的体育课程标准或教学大纲。它是一个国家基础教育体育课程框架的主体部分，具有一定的政策性和方向性。因此，在决定一个国家基础教育的体育教学质量方面起着举足轻重的作用。所以，高校在选择田径教学内容时，应采纳上级课程文本的必要建议，但是不可以盲目照搬，需要与高校的实际情况相符。

（2）修改上级课程文本的规定。上级课程文本是依据整个国家或者地区的情况而制定的，用统一的角度和根据，对全国或全省进行整体规划。因此，不可能考虑到每个地区、每所高校的具体情况。当上级文本与本地区或高校的具体情况不符合时，就应该进行必要的修改。上级课程文本的修改范围主要包括对上级文本规定的具体教学内容、教学方法、资源配备、场地和人员情况进行改动。

上级课程文本具有很强的概括性，而对地方和高校来说，条文细化是具体要求，因此进行细化的过程，必要的补充与修改也是不可缺少的。但是对上级课程文本进行修改时，要注意，不能与上级的意图、重要的规定与要求相违背，不能对上级文本的精神进行曲解。

（3）参考上级课程文本的建议。上级文本作为统一规范，是针对整个国家或区域而定的，因此难免有很多地方并不适用。因此在上级课程文本中，会提出一些建议，这是为了给地方、高校、体育教师一些自由的空间、自由发挥的余地。各高校可以对这些建议进行适当的参考。为了给地方和高校在适合地方特色和高校特点的教学内容安排上以最大的自由度，国家相关的标准和制度在教学内容实行的方式上有"开放"和"放开"的政策。当然，这些政策只是给地方和学校以参考和建议。参考时要对上级课程文本选定此教学内容的目的和意义进行充分分析，对本校的实际条件进行研究，避免曲解或者与其他教学内容的选择产生冲突等。

2.延续、改造传统田径教学内容

（1）延续传统田径教学内容。传统田径教学内容一直作为体育运动的基础，在过去的教学内容中占据重要的地位，学校的场地、器材等课程资源也非常丰富。对于传统田径教学内容，教师们早已经习惯，并且经过多年的实践，总结和积累了许多丰富、宝贵的教学经验。

另外，在传统田径课程教学中，教师们大多只重视田径的竞技性，而忽视了田径的健身性和其他功能。因此，我们在选择教学内容时仍应以传统体育教学内容为主，但要结合其教育性、健身性、科学性、社会性、趣味性等内容进行选择。

（2）改造传统田径教学内容。传统田径教学内容在教学中已经根深蒂固，但是随着时代的发展、教育的改革，在某些地方（如规则、技术难度）已经不适合现代高校教育的需求。对此，我们也应该进行适当改造，这也能更好地发挥传统田径教学内容的优势，使其更好地为高校田径教学服务。我们要从规则、技术难度、趣味性等方面对传统田径教学内容进行改造。简化规则，降低难度，游戏化、生活化、实用化等是改造采用的主要方式。

（三）高校田径课程教学内容选择的原则

1.统一性原则

统一性原则主要是指与教学目标相统一。它是指所选的田径课程教学内容应是被判断具有能完成田径课程教学目标功能的那些内容，而且所选的内容是要健康的、有教育意义的、文明的和有身体锻炼价值的，要能有助于身心素质提高的内容。另外，在选用教学内容时，需要先用教学目标对所选内容进行衡量。

2. 科学性原则

科学性原则是指所选的田径课程教学内容，应是有利于提高学生的运动技能和身体锻炼的内容。科学性有两方面的含义：第一，它能够有效地增进学生的身体健康，有助于学生体育锻炼能力的培养；第二，它在一定教学环境和条件下实施是安全的。

3. 可行性原则

可行性原则是指所选的田径课程教学内容应与本地区大部分学校的物质条件、教师能力以及学生实际情况相符合。教学内容再好、再科学，如果不能与本地区和本学校的条件相符合，都不应该进行选择。

4. 趣味性原则

趣味性原则是指所选的教学内容应能使广大学生感兴趣并能使其从中体验到运动的乐趣。学生参加体育运动学习的动机和目的之一就是获取体育运动的乐趣，要把握住这一点，增加田径运动的趣味性，可以选择一些田径游戏等内容。

5. 实用性原则

高校田径课程教学内容在选择时必须注意其内容的实用性，要具有鲜明的生活教育色彩，在充分反映社会发展要求的同时，也要适应社会发展的趋势。因此，在选择高校田径课程教学内容时，一定要注意既要打好基础，又要选择学生感兴趣，并有很好的健身娱乐效果的项目和练习进行学习。

二、高校田径运动课程内容的加工

田径运动课程内容，也就是教材，是教师进行教学和学生学习田径运动的载体。对高校课程教学内容进行加工，使其符合体育教学的目的和要求，教材化方法是一种典型方法。

（一）田径教材游戏化

在田径运动的课程教学过程中，走、跑、跳、投等运动项目都是较为枯燥、单一的，因此选择其作为教学内容时，需要对其进行一定的改造，而常用的方法就是使教材游戏化的方法。这种方法是将这些单调的运动项目用"情节"串联成游戏，并对协同和竞争的要素进行强化的过程。采用这种教材化的方法，可以很大程度地提高学生兴趣，而同时又不会在很大程度上改变练习的性质，依然可以很好地达到增强练习效果的目的。

（二）田径教材理性化

课程教材理性化则是指通过学生对运动原理的理解，让学生达到"懂与会结合"的目的。对运动"背后"的原理和知识进行挖掘，并在探究式的教学过程中进行"编织"是其特点。这种方法的运用常常与其他教学方法相联系，如发现式、启发式的教学方法，因为它具有有利于提高学生对运动原理的理解和获得举一反三的教学效果的优点。

（三）田径教材文化化

从竞技运动中对文化的要素进行提取和强化，并在教学中让学生通过各种文化性的要素，对运动文化的情调和氛围进行体验的方法为教材文化化的方法。动作技能的辅助教学内容比较适合采用这种教材文化化方法，此方法适用于高校的学生，对学生体验和理解体育文化性质有积极的作用。

（四）田径教材生活化、实用化

课程教材生活化、实用化的方法又可以分为野外化、冒险运动化、实用化和生活化等几个小的方法。

（1）野外化指的是把室内或正规场地式的竞技运动改造为野外的非正规场地式运动。

（2）冒险运动化是指增加一定的惊险性。

（3）实用化是与实用技能相结合。

（4）生活化则是指以生活的条件为根据对项目进行改造。

这种加工方法的特点是贴近学生的现实生活和实际需要，因此在传授比较实用的运动技能和调动学生学习的动机方面都发挥着重要作用。另外，还可以使教材的趣味性得到增加。

（五）田径教材的简化

将正规、高水平的田径竞技运动项目从场地、器材、技术、规则等方面加以简化，并使内容适合学生的使用符合高校的条件，满足教学目标的需要，也适合体育教师的教学能力。使教材更实用、更有乐趣是简化课程教材加工法的特点，它是最常用的教学内容加工方法。

（六）田径教材的变形

变形课程教材加工法是指对原运动项目从基本结构方面来进行改造，使其成为一种新的运动项目的教材化方法。田径教材变形的目的是使之更加适应田径教学的需要和学生的特点。

（七）运动处方式的田径教材

运动处方式课程教材加工是以遵循锻炼的原理为基础，对运动的强度、重复次数、速率等因素进行组合排列，并以学生不同的锻炼身体的需要为根据，组成处方来进行锻炼和教学的方法。这种内容加工法可以教会学生运用运动处方锻炼身体。

要成为一名合格的田径教师必须做到提高教学质量，并认真参与田径教学内容优化加工的工作。田径教师在进行田径教材的研究时面临着如何赋予教材以变化和趣味性；如何对练习的次数和强度进行设计以使练习量和运动量与教学实际相符；如何组织教材中的智力因素，增加教学的知识性；如何对教材中的隐性教材因素进行挖掘，使学生的心理素质和道德品质得到有效的发展，增加教学的教育性等问题。因此，要切实把握好教学内容的优化加工方式，以帮助学生确立最有效的知识传授途径。

第五节　高校田径课程建设的评价研究

一、高校田径运动课程教学方案的评价

（一）高校田径运动课程教学方案评价的类型及标准

1.高校田径运动课程教学方案评价的类型

通过不同的分类标准，可以将高校田径运动课程教学评价分成不同的类型。具体有以下几种分类方式。

（1）以评价功能作为分类标准。按照评价功能进行分类，高校田径运动课程教学评价可分为三种类型，即诊断性评价、形成性评价以及总结性评价。具体如下。

①诊断性评价。诊断性评价亦称前置评价，具体是指在高校田径运动课程教学评价之前，需要通过对学生的整体情况进行测试并确定其现状，评判是否符合实现教学目标所要求的基本条件，从而为高校田径运动课程教学决策提供依据，以保证所进行的高校田径运动课程教学活动符合学生的实际情况。这里所说的"诊断"主要包括两方面内容：一是验明学生缺陷和问题。二是对学生各种优点和特殊才能禀赋进行识别。由此可以看出，诊断性评价的目的是能够设计出适合大多数学生的教学方案，并且使学生能够从中获得最佳的学习效果。②形成性评价。高校田径运动课程教学活动过程中，为了使其达到更好的教学效果而连续进行的评价，即为形成性评价。形成性评价对于教学成效以及学生的具体学习情况具有非常积极的促进作用，有利于高校田径运动课程教学工作的及时反馈、调整以及改进。形成性评价是高校田径运动课程教学设计活动中最主要的评价形式。除此之外，在高校田径运动课程教学质量方面，形成性评价的实际意义更为重大。形成性评价更能体现融入教学、服务教学的特点，因此，应将形成性评价作为一个重点来抓。③总结性评价。总结性评价又称后置评价，与诊断性评价相反，通常在教学活动结束后进行。总结性评价的主要目的就是对活动的最终效果进行有效的把握。比如，在

高校田径运动课程学期末或学年末的体育考核、考评，就是总结性评价，主要是为了对学生学习结果是否符合教学目标进行检验。教与学的结果是总结性评价注重的主要方面。

（2）以评价基准作为分类标准。按照评价基准进行分类，高校田径运动课程教学评价也可分为三种类型，即相对评价、绝对评价和自身评价。具体划分如下。

①相对评价。在被评价对象的群体或集合中建立一定的基准，然后将要评价的这些对象与此基准进行一一对比，通过对比的结果来评判这些对象优劣的方式，即所谓的相对评价。通常，所建立的基准都是群体的平均水平，通过对比，对被评价对象在整个群体中的位置进行评判。而在高校田径运动课程教学评价中，对学生田径运动成绩的评判基准即为群体的平均水平，通过将个人成绩与基准进行对比来评判该学生在群体中所处的位置。常见的相对评价主要有体质评价、体育锻炼标准的达标等。相对评价的优势在于，其适用面较广，甄别性较强，对群体水平要求不高，基本上都能将个体的优劣在整体中对比体现出来。相对评价的劣势在于，其评价基准的稳定性较差，并且由于时刻变动，评价标准较容易脱离田径运动教学目标，从而对高校田径运动课程教学评价的改进和完善意义不大。②绝对评价。以高校田径运动课程教学目标为依据，以高校田径运动课程教学设计方案、教和学的成果为评价对象的评价，即为绝对评价。一般而言，高校田径运动课程教学大纲以及以此为依据而制定的"评判细则"都可作为绝对评价的标准。绝对评价的优势主要体现在以下两个方面：一是具有比较客观、稳定的评价标准，能够使评价者充分了解自己的位置，并不断改进。二是有利于高校教学管理部门对田径运动课程教学目标的达成情况有清晰的了解，从而更有利于灵活调整工作重心。绝对评价的劣势在于，其容易受主观因素或刻板原因的影响，较难保持客观性。③自身评价。所谓自身评价，就是评价者将自身的过去、现在以及各个方面相互对比，从而得出自己切身情况的变化规律以及能力变化趋势的评价。自身评价的优势在于，注重个性，由于评价者对自身较为熟悉，因此，评判结果通常会较为客观、实际。自身评价的劣势在于，其仅仅只是对自我进行剖析对比，没有外部的对比对象，难以评判自身在群体中的位置，自身评价常常与相对评价结合使用。

（3）以评价内容作为分类标准。按照评价内容进行分类，高校田径运动课程教学评价则可分为两种类型，即过程评价和结果评价。具体分类如下。

①过程评价。在高校田径运动课程教学过程中，以达到高校田径运动课程教学目标的方法和手段为评价对象的评价，即为过程评价。例如，某高校若要完成田径运动课程教学目标，是用竞赛法好一些还是用游戏法好一些；如果想要完成某个动作技能的教学，那么是用分解法好一些还是用完整法好一些等。由此可以看出，高校田径运动课程教学的过程评价的应用范围十分广泛，其不仅能够在完成但还需要修改的形成性评价上应用，总结性评价上应用。②结果评价。所谓结果评价，即对高校田径运动课程教学活动实施后的效果评价。例如，在高校田径运动课程教学过程中，某高校田径运动课程教学方案

的实施效果或某计算机辅助高校田径运动课程教学软件的使用价值，都属于结果评价。

（4）以评价分析方法作为分类标准。按照评价分析方法进行分类，高校田径运动课程教学评价可分为两种类型，即定性评价和定量评价。这也是高校田径运动课程教学评价过程中最常用的一种分类方法。具体分类如下。

①定性评价。所谓定性评价，是指以达到指标体系中项目要求的程度或各种规范化行为的优劣程度来表达的标准，一般用评语或符号来表达。在高校田径运动课程教学评价中，常见的定性评价主要包括使用常用评语描述评价对象达到的程度等。运用各种方法对评价进行较为深入、细致的分析，是定性评价的重点，其常用的方法主要有分析和综合法、归纳和演绎法、比较和分类法等几种。②定量评价。将统计分析、多元分析等方法作为主要手段，通过对评价资料进行"量"的分析，来对所获得的数据和资料做出定量结论的评价，即所谓的定量评价。定量评价与定性评价二者的评价标准也是不同的。定量评价标准在评价结果的精确性和客观性提高方面是有非常积极的促进作用的。

定性评价和定量评价二者之间的关系较为密切，在高校田径运动课程教学过程中，二者互为补充，相得益彰。另外，为了能够获得较为理想的教学效果，达到预期的教学目标，可将两者结合起来使用，切忌忽视任何一方。

2.高校田径运动课程教学方案评价的标准

高校田径运动课程教学方案的评价内容主要包括对教学目标、教材内容、教学模式、教学策略、课程的类型和结构、学习者以及学习需要等内容的评价。不同的评价内容均有各自不同的评价标准，具体评价标准如下。

（1）评价高校田径运动课程教学目标的标准主要有两个：一个是高校田径运动课程的教学目标。另一个是教学对象的特点和学习需要。

（2）评价高校田径运动课程教材内容的标准主要有两个：一个是高校田径运动课程的教学目标。另一个则是高校田径运动教材的分析中呈现的功能。

（3）评价高校田径运动课程教学模式的标准主要有两个：一个是高校田径运动课程的教学目标。另一个则是高校田径运动学习者。

（4）评价高校田径运动课程教学策略的标准主要有三个方面：一是方案中所要采用的教学策略是否能有效达到教学目标。二是是否符合高校田径运动学习者的特点。三是是否适合该高校田径运动课程的教学内容。

（5）评价高校田径运动课的类型和结构的标准主要就是高校田径运动课程教学目标。

（6）评价高校田径运动学习者的标准主要有三个方面：一是学习起点。二是一般特点。三是学习风格。这三个方面则都是高校田径运动课程教学对象应具备的条件。

（7）评价高校田径运动学习者的学习需要的标准主要有两个方面：一是高校田径运动课程教学目标与高校田径运动学习者目前的课程教学过程的标准是否为高校田径运

动课程教学过程所呈现的分析结果。二是设计结果的整体功能是否大于部分功能之和。

（二）高校田径运动课程教学方案评价的实施过程

高校田径运动课程教学活动中，教学评价的实施过程是由确定评价目的、成立评价小组或评价机构、制定教学评价的标准和指标体系、收集评价信息以及判断评价结果共五个步骤组成的。具体实施过程如下。

1.确定高校田径运动课程教学评价的目的

任何一种活动的开展，都具有一定的目的性。当然，高校田径运动课程教学评价活动也不例外，其必须在活动目的的指导下，才能顺利开展活动。因此，了解高校田径运动课程教学评价的主要目的，是高校田径运动课程教学评价的首要问题。由于评价目的具有指导作用，因此，不同的评价目的就决定了评价在组织形式、内容和方法上的不同。比如，在高校田径运动课程教学评价活动中，以评选优质田径运动课为目的，这就决定了相应的教学方法为终结性评价，强调的重点则是评价的鉴定性、区分性、甄别性；如果是为了全面评价体育教师的自身修养与素质、专业水平以及教学能力等方面，就需要运用听课、向学生发问卷以及与体育教师交谈等多种方法来进行评价，诊断性和改进性则是该项评价活动的重点。

2.成立高校田径运动课程教学评价小组或评价机构

在高校田径运动课程教学中，评价小组或评价机构的成立需要建立在充分了解的基础上，并且需要根据评价的目的来确定评价小组或评价机构组成的性质和规模以及人员组成。根据田径运动课程教学目的的达成情况，可以将所设的评价机构定为长期的、稳定的，也可以只是暂时的、临时的。这个并不重要，重要的是无论什么样的机构都必须具有一定的权威性。通常，组成评价机构的人员都是专家或分管领导。一旦高校田径运动课程教学评价小组或评价机构建立起来，就必须对全部评价工作的组织领导负责。

3.制定高校田径运动课程教学评价的标准和指标体系

在确定了高校田径运动课程教学评价的目的之后，接着就需要对评价目的去进行详细的分析，即确定要解决的问题。要做好这一工作，要求必须制定科学、合理的评价标准和指标体系。对评价指标的充分考虑和认识以及实事求是、从实践中获取统一尺度，是评价者制定合理的高校田径运动课程教学评价标准和指标体系的重要前提。此外，高校田径运动课程教学评价体系的建立，需要一定的流程。其建立步骤主要包括以下几点：应先确定一级指标，然后将一级指标分解成二级指标，再将各个二级指标分解为三级指标。这样，就构成了一个较为科学、合理的高校田径运动课程教学评价指标体系。

4.收集高校田径运动课程教学评价信息

有针对性地收集高校田径运动课程教学评价信息，这对于保证田径运动课程教学评价信息的科学性和有效性具有积极的作用。收集信息是高校田径运动课程教学评价实施阶段的重要环节，而收集信息的方法和过程则决定了所获取信息的可靠性和有效性。因此，要有针对性地选择科学、合理的收集信息的方法。常见的信息收集方法主要有以下几种：

（1）观察法。观察法是收集高校田径运动课程教学评价信息的主要方法之一。所谓观察法，即评价者以评价对象的特点和指标内涵的要求作为主要依据，通过自然观察法或者试验观察法进行有目的、有计划的观察，并根据需要获取一定评价信息资料。看和听是观察法运用的主要途径。此外，观察法还可借助一定的辅助工具，如相机、录像机等进行。观察法的主要特点就是适用面广，收集资料的机会较多。据相关资料显示，目前观察法的运用范围涉及评价对象的行为表现、情感改变和意志特点等方面。

（2）测验法。在高校田径运动课程教学评价中，测验法也是收集评价信息的一种重要方法。所谓测验法，即以评价内容编制一定的等级量表和标准的试题为依据，来用评价信息进行收集的方法。测验要能提供足够的资料来反映学生对田径运动课程特定教学目标的达成情况，而这些资料必须是一致的、稳定的。

测验法的应用范围为易量化的评价对象和形成性评价。在高校田径运动课程教学评价活动中，学生的人格特征状况、学生所掌握的田径运动知识和技能的情况、学生的心理发展状况、学生各项能力的发展状况、教师教学效果等信息资料的收集，都属于测验法的应用范围。

（3）问卷法。问卷法是一种能够在短时间内大量收集高校田径运动课程教学评价信息的重要方法，即通过对评价对象进行书面调查而获取评价信息的方法。一般来说，问卷法适用于一些范围较广的问题，运用问卷法可以进行大面积调查，而且能够在较短的时间内获取大量的信息资料。问卷法可以通过一些传播途径向调查对象进行间接问卷调查，也可以由调查者直接向调查对象问卷调查。但是，需要注意的是，问卷的编制要求很高，只有科学合理的问卷内容才能够成功获取所需要的调查资料，达到理想的问卷效果。因此，在运用问卷法去收集高校田径运动课程教学评价信息时，问卷的设计一定要科学、合理，且具有较强的针对性。

（4）文献资料法。文献资料法也是一种收集高校田径运动课程教学评价信息的重要方法。所谓文献法，即以查阅与评价对象有关的文字记载的材料为途径去收集评价资料的方法。高校田径运动课程教学计划与总结、田径课程教案、田径课程教学进度、学生考试问卷等各种数字资料与文字，都属于文献内容。运用文献资料法的途径也比较灵活，既可以以几种文献相互印证，也可以与其他收集信息的方法结合使用。但是需要注意的是，查阅文献资料必须与所需的评价内容相关，否则查阅文献资料就失去了意义。

（5）访谈法。访谈法是一种直接收集信息资料的方法，是评价者按照事先确定好的访谈提纲，以直接的面对面形式或组织较为规范的座谈会等形式进行的。在高校田径运动课程教学评价中，访谈法的运用比较灵活，对文字要求能力也较低。另外，访谈法的适用范围主要是评价对象的心理状态。运用访谈法时，要想深入细致地对评价对象进行深层次的了解，可以对访谈对象做出分类，从而以评价对象的心理适应状况作为出发点，进行相关信息资料的收集。

5. 判断高校田径运动课程教学评价的结果

对收集到的关于高校田径运动课程教学评价的资料进行筛选、加工、处理，并判断评价结果，是高校田径运动课程教学评价实施的最后一个步骤。在高校田径运动课程教学评价过程中，不仅要综合判断评价结果、详细分析评价对象的优缺点，还要总结出其原因，并提出相应的解决办法。如此，才能够对评价对象形成激励作用，从而最终提高高校田径运动课程的教学质量。判断高校田径运动课程教学评价结果的程序主要包括以下几点：

（1）对评价结论、意见或建议等进行有效反馈。在反馈田径运动课程教学评价的结果时，为了能够使评价者与评价对象展开充分的交流，最好是能够使评价者和评价对象面对面地进行。评价结束后，为了更好地落实改进措施，评价者需要对评价对象进行定期回访。

（2）评价评价活动本身的质量。对评价活动质量做出的评价，其主要目的是为总结评价的经验教训、修改评价方案提供相关依据。

（3）撰写评价报告。评价报告是对评价过程和评价结果的总结。评价报告的内容较为丰富，且具有很强的条理性。评价报告的主要内容包括：评价目的、评价组织、机构及评价人员构成等基本信息；评价方案制订的主要依据及指导思想；评价实施过程，包括评价时间安排、评价准备阶段的工作与效果、实施阶段信息收集的情况；评价结果，首先要对各项指标的评价结果进行分述，其次再写综合性结论；评价对象对评价的意见；高校田径运动课程教学评价的总结。评价报告完成之后，要将评价的结果反馈给有关部门与人员，并建立评价档案，并对评价资料进行合理分类归档。

（4）对评价实施过程中方案的缺陷进行修改和调整，以尽量减小误差。而在高校田径运动课程教学评价工作中，无论设计了多么尽善尽美的方案，都不可能完全实施，都会存在一定的误差，因此，尽可能地减小评价活动本身的误差是高校田径运动课程教学评价工作的最主要问题。而要尽可能地控制误差，则需要做到以下几点：首先，要以机制为依据，规范评价者的行为，必要时要综合众人的意见进行综合处理。其次，要对测评工具的信度和效度进行最大程度的提升。再次，增强评价资料收集手段、层次的多元化，提高资料的代表性、真实性。最后，要通过对评价对象一些可被控制的方面进行有效控制，进而保证反映情况的全面性与真实性。

二、高校田径运动课程教学方案实施过程和结果的评价

（一）制订田径运动课程教学方案

1. 制定评价标准

在解决了收集哪一类型信息的问题之后，接下来就需要建立解释这些信息的标准，换言之，就是高校田径运动课程教学设计方案的评价标准。由于高校田径运动课程教学设计方案的评价指标是高校田径运动课程教学设计方案所有评价因素的集合，所以，在制订高校田径运动课程教学设计方案的评价标准时，必须充分考虑到这些评价因素的主次关系，并对这些因素进行定量赋值或定性描述，如此才能较为准确地将评价标准确定出来。由此又可以得出，采用百分制、等级制等定量与定性相结合的方法，有利于高校田径运动课程教学设计方案评价标准的制定。

在一般情况下，高校田径运动课程教学设计方案的评价标准主要有以下几点：

（1）教学目标的评价标准：不仅要恰当、具体，还要符合《体育与健康课程标准》的要求，与学生的实际情况相吻合。

（2）教学内容的评价标准：选择恰当，安排合理。

（3）教学方法的评价标准：对于学生学习的主动性和积极性的调动有积极的促进作用。

（4）教学过程设计的评价标准：归纳为三大"符合"，即与学生学习规律相符合，与人体生理机能活动能力变化的规律相符合，与学生的身心发展规律相符合。

（5）教学形式的评价标准：符合教学要求。

（6）教学活动的评价标准：体现"以学生发展为本"。

（7）教学媒体的评价标准：选择适当，使用有效。

（8）教学效果的评价标准：效果一定要好。

2. 选择被试人员

高校田径运动课程教学设计方案与一般的设计方案有一定区别，专门人员设计的高校田径运动课程教学设计方案不能随便将参加的教师或学生定位为被试人员，而是应该有针对性地去选择相对较为合适的被试人员。

在对高校田径运动课程教学设计方案进行形成性评价时，只能在学生和教师中间挑选少数的一些样本来作为实验对象，而不是将所有的学生和教师都拿来做实验。在选择这些样本时，并不能随意抽取，而是选择那些具有较强代表性的样本。就学生而言，要选一些学生样本，就要求他们必须具有处于日常状态的认知水平和能力，换句话说，即不能只选择某一层次的学生，其选择的被试学生应是每个年级的，且具有不同层次的水

平、能力。通常，会采取随机抽取一定的被试人员，再根据具体情况稍做调整的方法来确定被试人员。此外，所挑选的被试人员的语言表达能力一定要强。

除此之外，所选择的被试人员的数量应适当，否则容易浪费大量的时间和精力，或者会影响方案价值的充分体现，这些都会导致达不到理想的试验效果。以样本的试验来概括总体，多多少少总会存在一些误差，因此，当进行一些重要的课程教学设计方案评价时，应尽量增加选取样本的数量，以提高试验的准确性，从而尽可能地减小误差。

3. 阐明试用设计方案的背景条件

在高校田径运动课程教学设计评价过程中，试用设计方案的背景条件主要包括设计方案的一些前提条件和设计方案试用过程的开展情况两个方面。

一方面，设计者应说明一些前提条件。如进行试用高校田径运动课程教学设计方案的具体条件是什么，应具备或提供什么条件优势，将受到什么样的条件限制等。

另一方面，说明高校田径运动课程教学设计方案的试用过程如何开展。如以什么样的方式开始、以什么样的方式结束、中间要经历哪些环节、各个环节之间应该如何排列和衔接、学生和教师需要做哪些事情等，这些问题都需要进行明确说明。

4. 评价方法的选择

资料的收集需要采取一定的方法才能更加快速和有效。在高校田径运动课程教学设计方案的形成性评价中，常采用测试、调查和观察三种评价方法。

（1）测试。测试是高校田径运动课程教学设计方案常用的一种评价方法。通过运用相应的一些器材、方法，并设立一些相应的试题或项目要求来对学生的行为样本进行测量的系统程序，即为测试。测试这种评价方法的适用范围较广，如收集认知目标、动作技能目标等方面的学习结果资料，即平时的考试、达标等。

（2）调查。调查是高校田径运动课程教学设计方案常采用的评价方法之一。调查方法主要包括两种具体的方法，即问卷法和访谈法。问卷法是以书面形式间接地向学生提问一些需要获取信息的问题，并且从所获取的答案中获取有效信息的方法。访谈法则是以面对面的形式或座谈的形式来直接获取信息资料的方法。调查的目的主要是收集情感目标的学习结果资料。

（3）观察。高校田径运动课程教学设计方案评价也常常采用观察这一评价方法以达到某种评价目标。通过体育教师对学生的行为和所处的环境进行仔细的观察，并将所观察的内容记录下来，从而获取必要资料的方法，即为观察。观察的适用范围主要是收集动作技能目标的学习结果资料，平时所采用的技评就是观察的一种形式。

此外，调查和观察的应用范围还涉及收集高校田径运动课程教学过程的各种资料方面。关于学生、体育教师和管理人员对高校田径运动课程教学的反映资料的收集，常常是采用调查的方法；而关于高校田径运动课程教学设计方案的使用是否按预先计划进行的资料收集，则主要采用观察的方法。

在关于高校田径运动课程设计方案的形成性评价所需收集的资料中，人们较为关注的是其学习结果资料，不仅因为它所涉及的面比较广、信息量比较大，还因为它与总结性评价所借助的评价方法是通用的。

（二）收集和分析田径运动课程教学方案评价资料

关于高校田径运动课程设计方案评价资料的收集和分析，前者是手段，后者是目的，但是二者几乎是同时进行的。即对已制订的高校田径运动课程教学评价方案进行试教，在试教的同时进行观察。如果较为重视评价资料的收集和分析，则可派专人进行观察，并对这一过程进行录像和记录。具体来说，评价资料的收集和分析工作的步骤如下。

1. 向被试者说明须知

在高校田径运动课程教学开始之前，要使被试者对高校田径运动课程教学设计方案有一个大致的了解。例如，该方案试用的目的是什么；试用方案的程序和试用所需的时间；被试者将会进行的活动类型以及活动中的相关注意事项；哪些资料是需要收集和分析利用的；试用时又应持什么样的态度以及如何反应等。

2. 试行教学

对于高校田径运动课程教学而言，试行教学是具有试验性质的一种收集和分析评价资料的方式。同时，可复制性也应是试行教学的特点之一，也就是说，已经试用的教学方式对其他学生也同样是适用的。而且，只要他们保持与日常学习相近的状态，其所获得的教学效果也会接近常态。此外，典型性也是试行教学的重要特点之一，具备这一特点就会使得教学方案的推广价值得以提高。另外，高校田径运动课程教学活动的背景要以客观事实为主要依据，不要以人为设置来取代，否则就会造成试用的不良氛围。

3. 观察教学

观察教学是高校田径运动课程教学评价资料收集和分析的一种重要方法。在试行高校田径运动课程教学的同时，应做好观察工作，比较重要的教学情况则需组织部分评价人员在适当的地方对田径运动课程教学过程进行详细的观察，并根据一些具体的情况进行有针对性的记录。以下是观察教学需要做记录的几种情况，可为高校田径运动课程教学提供参考。

第一，不同项目课程的教学活动共用了多长时间。

第二，体育教师指导各项项目课程教学内容的学习方式主要有哪些，哪些较为合适。

第三，学生提出的问题主要有哪些，这些问题具有什么样的性质，问题的类型具体又有哪些。

第四，体育教师对这些问题的处理方式是什么。

第五，在各项目课程教学的各阶段中，学生各方面（如注意力、主动参与性、思维活跃程度、情绪反应等）的具体变化如何。

第六，要对学生在课内完成练习的情况有一个较为详细的了解，并据此来对学生所学内容的掌握程度进行合理评价。

4.后置测试和问卷调查

在完成高校田径运动课程设计成果的试用和观察工作之后，接下来通常需要及时进行某种形式的测试和问卷调查。而测试和调查的工作内容是不同的。测试工作的主要内容是对学生学习结果资料的收集；而调查工作的主要内容则是对有关人员对高校田径运动课程教学过程和结果的评价的收集。

（三）整理和分析田径运动课程教学方案评价资料

将收集到的关于高校田径运动课程设计方案的资料，通过观察、调查和测试等方法得到的评价资料，进行有目的的整理和分析，从而得出高校田径运动课程设计方案的评价结果。

分析的具体内容是将各类数据与评价标准进行比对，并对对比得出的各种结果及其之间的相互关系进行考查。在初步分析完资料之后，往往会发现一些较为重要的问题，这就需要对这些问题进行较为恰当、合理的解释。例如，高校田径运动课程教学设计者可以根据发现的这些问题向教育学、心理学等相关学科方面的专家、学者详细咨询，以通过他们的帮助对初步分析所得出的结果进行验证和确定，从而保证分析结果的客观性、正确性和科学性。在完成上述步骤之后，就可将初步分析结果与专家学者的评论结果综合起来，进一步深入分析评价资料，从而为修改方案做好准备。

（四）形成田径运动课程教学评价结果的报告

对于较为重要或复杂的高校田径运动课程教学设计来说，评价结果的报告是不能省去的，而一般的课程设计有无评价结果报告均可。在高校田径运动课程教学中，由于较为重要或复杂的课程设计方案不一定马上就能进行修改，或者修改工作由其他人来做，这都使得设计方案的试行和评价的有关情况与结论必须有一定的保留，否则这些结论会随着时间的推移而遗失，这也就是将这些试行和评价的有关情况和结论形成书面报告的原因。

将高校田径运动课程教学设计方案的评价结果形成书面报告，其内容主要包括高校田径运动课程教学设计方案的名称和宗旨、使用的范围和对象、试用的要求和过程、评价的项目和结果、修改设计方案的建议和措施、参评者的名单和职务以及评价的时间等。评价结果的书面报告都应包含以上各项内容，同时还应做到简明扼要，而涉及的其他具体资料可在报告的附件中呈现出来。

（五）修改和调整田径运动课程教学方案

在高校田径运动课程教学过程中，只有在分析、综合中不断对高校田径运动课程教学设计方案进行修正和完善，才能获得较为理想的效果。通常，一名体育教师会同时带一个年级的好几个班，在对这几个班进行统一教学的过程中，就可以对教学方案进行不断调整与完善。可以将体育教师在第一个班级进行的课程教学理解作为第二个班级开展课程教学前的试教。在这一试教过程中出现的问题以及教学重点，可在田径运动教学结束之后进行及时评价，并有针对性地对高校田径运动教学设计方案进行调整和修改，以使在第二个班级的教学过程中取得更好的教学效果。依此类推，在两个班级的田径运动课程教学结束之后，要对修改过的田径运动课程教学设计方案再进行一次评价，进一步调整和修改，从而使该教学设计方案更加趋于完善，以便为今后进行同一内容的田径运动课程教学做好充分的准备。

在高校田径运动课程教学中，对于一般的课程教学方案也是如此，对于更加重要的田径运动课程教学观摩和田径运动课程教学评比等，就更加需要对其不断修改和完善。正因如此，我们更需要对高校田径运动课程教学设计方案的修改和调整持重视的态度。

对于高校田径运动课程教学设计方案评价的修改和调整，主要分为两个方面：其一，要看田径课程教学设计方案在原则上是否正确，即是否需要对其进行重新设计。其二，在负荷原则的基础上，对田径课程教学设计方案中的个别问题进行修改和完善。

一般来说，高校田径运动课程教学设计方案需要进行重新设计的情况有以下几种（只要教学设计方案符合下面中的一条，就需要进行重新设计）。

（1）高校田径运动课程教学目标与《体育与健康课程标准》不相符，或者与学生实际不相符。

（2）尽管高校田径运动课程教学目标正确，但高校田径运动课程教学过程设计的各项内容却达不到高校田径运动课程教学目标的要求。

（3）高校田径运动课程教学内容的选择和安排及高校田径运动课程教学过程的设计，这两方面不符合人体的生理机能活动能力变化规律，不符合人体机能适应性规律，不符合学生的学习规律以及身心发展规律，且不能够积极调动学生学习的主动性和积极性。

如果高校田径运动课程设计方案均没有出现上述原则性问题，则说明该方案在原则上是没有问题的，只需要对个别方面进行适当的修改和调整。就目前对高校田径运动课程教学设计方案的研究水平来说，关于设计方案的评价方面的问题则都是在高校田径运动课程教学的不断发展和完善中发现的，但由于目前对高校田径运动课程教学设计方案的评价研究还不够成熟，评价标准也需要不断改进，因此这里所指的均为相对的评价研究和评价标准。

　　近几年来，在高校田径运动课程教学过程中，课程设计教学评价的方式也越来越多，其常用的评价方式主要有多元评价、过程评价和奖惩性评价相结合等几种，具体应结合高校田径运动课程教学实践有针对性地选择、运用。

参考文献

[1] 邬鑫波，鲁春霞．我国学校体育课程变革总体演进的制度话语综述 [J]．当代体育科技，2022，12（30）：159-162．

[2] 李斌，王玉珠，赵发田，等．教育督导和学校体育督导对学校体育课程变革实施行为的影响及其对策 [J]．中国体育科技，2022，58（09）：29-34．

[3] 芦忠文．新时代田径课程评价模式变革审辨及建构 [J]．西安文理学院学报（社会科学版），2022，25（02）：78-82．

[4] 舒安妮，鲁春霞．影响学校体育课程变革实施的制度及其机制研究 [J]．青少年体育，2022（03）：100-101+126．

[5] 肖伦芬．新时期我国中学体育课程现代化与人文性的变革 [J]．天津教育，2021（36）：8-9．

[6] 郭斌，谈晓矛．"新冠"疫情下大学体育课程面临的挑战与变革 [J]．济宁学院学报，2021，42（05）：72-76．

[7] 杨刚．新课程标准下高中体育与健康课程教学的变革与存在的问题探索 [J]．当代体育科技，2021，11（29）：242-244．

[8] 张祖衡，郭洋波，葛美琴，等．反思与审视：新中国成立以来中小学体育课程发展历程 [J]．体育视野，2020（08）：1-2．

[9] 胡红艳．创新教育理念下大学体育课程变革的探究 [J]．拳击与格斗，2020（06）：121-122．

[10] 吴蓉．溯回与厘析：民国时期武术课程内容的变革与特征 [D]．南京体育学院，2020．

[11] 李兴平．"互联网＋"背景下初中体育教学变革的探究 [J]．课程教育研究，2020（19）：213．

[12] 马文杰．大学体育"三个一流"建设改革探索 [J]．广州体育学院学报，2020，40（01）：118-121．

[13] 姚敬华．以体育人："育英太极"课程基地的育人方式变革 [J]．江苏教育研究，2020（01）：31-34．

[14] 章颖 . 基于 MOOC 的高校体育课程教学改革研究 [J]. 体育风尚，2019（06）：103+105.

[15] 王维华 . 高中体育生培养的困境及变革研究 [J]. 当代教研论丛，2019（03）：5-6.

[16] 李兴平 . "互联网 +"背景下初中体育教学变革的实践研究 [J]. 中小学电教（下半月），2019（01）：49-50.

[17] 王湘太 . 新时期高等职业院校体育课程的再建构及教学问题分析 [J]. 体育世界（学术版），2018（11）：193+195.

[18] 常德胜 . 中学体育教师新课程实施程度评价研究 [D]. 福州福建师范大学，2014.

[19] 汤利军 . 我国基础教育新体育课程实施效果研究 [D]. 上海华东师范大学，2012.

[20] 胡庆山 . 体育课程实施主体论 [D]. 武汉华中师范大学，2009.

[21] 张细谦 . 体育课程实施研究 [D]. 广州华南师范大学，2007.

[22] 田菁 . 体育课程内容资源开发研究 [M]. 北京：北京体育大学出版社，2009.